佐藤正久

知らないと後悔する

日本が侵攻される日

GS
幻冬舎新書
663

知らないと後悔する　日本が侵攻される日／目次

プロローグ　すでに戦争は始まった。
日本侵攻は2027年か　15

平和主義は大いに結構。
でも敵はかまわず攻めてくる　16

ロシアだけではない。
北朝鮮、そしてどこよりも強大な中国　18

ヒゲの隊長から政治の現場に。
私にしか言えない戦闘の真実　20

日本がなぜ狙われるのか。
地図を見たら一目でわかる　23

ロシアや中国の思惑。
「逆さ地図」から見える欲と真実　25

中国が尖閣諸島を欲しがる理由。
沖縄の獲得も視野に　28

逆さ地図で一目瞭然。
ロシアが北方領土を返さない理由　30

「戦争なんて起きない」。

何の根拠もなく安心していていいのか?　32

第一章　ロシアはなぜあれほど
ウクライナに苦戦しているのか　35

ウクライナの意外な強さ。
過去の失敗に学び、兵力を増強　36

キーウは簡単に落とせる!?
なめ切ったプーチン大統領の誤算　38

戦力の集中と分散。
戦い方の基本を無視したロシア軍　40

ブチャの民間人虐殺。
日本と対峙する極東部隊の所業か　42

混乱する戦場。
大虐殺はＦＳＢの指示なのか？　45

ＳＮＳ時代の戦争。
市民も兵士の一人になる　47

ウクライナの幸運。
過去の戦い方で臨んだロシア軍　49

ロシアの混乱と苦戦。
中国はそれを教訓にする　51

習近平の目論見。
戦いの火蓋はすでに切られた　53
ロシアは体力が低下。
中国はロシアと北朝鮮を利用する　56
ウクライナ善戦の背景。
世界はなぜ応援したのか　58
平和があたり前!?　日本の壁。
ウクライナ侵攻の三つの教訓　60

第二章　ロシアは北方領土を返すつもりはない　63

ロシアははるか遠い国。
なんて思っていませんか?　64
「たかが北方四島」などと言うなかれ。
甘い顔を見せてはいけない　66
ロシアが北方領土を手放さない理由。
米海軍の進出を防ぎたい　69

冬でも凍らない北方四島の海。
太平洋に出てアメリカと戦いたい 71
北海道にはなぜ
米軍の基地が置かれなかったのか？ 73
北海道での日米共同訓練。
ロシアが猛反発 75
ロシアが日本に侵攻する日。
どこから来る、国民はどうする？ 77
ロシアの腹づもり。
北方領土を返すつもりはない 82
ロシアに対する備え。
今、国民一人ひとりが考えるべきこと 84

第三章 北朝鮮のミサイルは東京を焦土にするか？ 87

相次ぐミサイル発射。
北朝鮮の本当の狙いは何か？ 88

北朝鮮の核武装。
体制を維持するには核にも頼る 90
北朝鮮の弾道ミサイル。
本当に当たる？　ただの脅しでは？ 92
北朝鮮の最終目的とは。
なぜ核やミサイルの技術をもてたのか？ 94
抑止力とは何か。
力をもたなければ相手は抑えられない 96
北朝鮮のミサイルが、日本の本土を焼き払う。
そんな悪夢はあり得るのか？ 98
今この瞬間にも、日本は射程内。
150～200発が狙っている 100
なぜ韓国に米軍が置かれたのか？
そこから見えてくる脅威 104
朝鮮半島の二面性。
刀にもなれば守りにもなる 108
ミサイルは防御できない!?
マッハ5以上で飛ぶ極超音速ミサイル 110
日本のミサイル防衛は二段構え。
PAC-3、イージス艦の実力は？ 113

新たな防衛システムの構築に出遅れないために　115
レーザー兵器の実用化。実弾を必要としない画期的兵器　117
ロシア・中国が連動する!? 北朝鮮の弾道ミサイルが日本を直撃。　120

第四章　中国は台湾の次に尖閣を狙う。その時、日本は！　123

時代は急激に動いた。注目のバイデン発言　台湾有事に備えよ！　124
「対話」より「武力」のならず者。そんな相手にどう対抗するか　126
中国のミサイルの現実。沖縄・嘉手納基地への仮想攻撃　128
専守防衛のためのミサイル配備。中国の一人勝ちを許さない　130

海が陸地化している2022年の世界。島国日本は、どうやって国を守るのか？ 133

台湾有事とは何か。なぜ中国は台湾を獲りにいくのか？ 135

台湾有事になれば、日本には石油が入ってこない！ 137

台湾有事はいつ起こる？2027年に緊張はマックスになる 140

中国の覇権主義。油断したら根こそぎ奪い取られる 142

世論を味方にしながらの横暴。世界が中国に振り回されている 145

南シナ海を獲った理由。核ミサイル搭載の潜水艦が隠れている 147

昨日の南シナ海は明日の東シナ海。尖閣諸島は完全にターゲットになる 149

一触即発の緊急発進。自衛隊も海上保安庁もまさに命がけです 151

なぜ尖閣が欲しいのか？〝小さな侵略〟を認めてはいけない 153

そもそも台湾は中国の一部なのか？
中国近代史をひもとく　156

2027年有事危機。
なぜ習近平は、この年に動くのか？　159

中国は短期決戦を挑む。
用意周到にしかけてくる罠〝三戦〟に注意　161

中国は台湾をどう攻めるのか？
宮古、八重山も戦場と化す　164

台湾有事はまさに日本有事。
なぜ沖縄にミサイルが飛んでくるのか？　166

台湾有事の避難経路を確保。
先島諸島の人々を逃がす際の大問題　168

戦争に常識はない。
台湾からの避難をどうするか　170

第五章　まったく新しい戦争と人間　175

戦争は新たな時代に突入。
ハイブリッド戦とは何か？　176

兵士の損耗率ゼロでしかも安価。ドローンが戦争を変えた 178
ハイブリッド戦をなめたツケ。功を焦ったロシア軍の失敗 180
中国の殺人AIドローン。自ら目標を発見、攻撃する 182
半導体が国の興亡を分ける。人体を破壊するナノ兵器 184
統制・専制国家が強い理由。AIの分野での軍民融合 186
機械と機械の戦いの先に。簡単に戦争が始まる未来 188
情報戦の新たな可能性。ウクライナを救ったスターリンク 190
統制・専制国家の優位。民主主義では情報統制ができない 192
相手の脳を攻撃する。認知領域での激しい情報戦 194
偽情報、偽旗への対応。VPN回線を使って情報を守る 196

「火星17」はフロリダまで飛ぶ。
なぜ射程距離がわかるのか 198

日本の近海と原子力潜水艦。
長期潜航によって島国は陸も同然 201

第六章 世界平和実現を絵空事にしないために 205

日本は小さな国ではない。
世界が日本を大国と見る理由 206

国同士の〝陣地争い〟。
海に囲まれた日本も巻き込まれている 208

竹島なんて譲っていい!?
中途半端な考えが日本侵略の第一歩になる 210

アメリカは日本を守ってくれるのか?
もはや世界の警察官ではない 212

国連のシステムは当てになるのか?
機能不全に陥っている理由 214

ゼレンスキー大統領の国会演説から
戦争と日本の明日を考える 218
ウクライナ危機の嬉しい誤算。
欧米は危機を自覚してまとまった 221
自国を守る科学技術を育てる。
総合安全保障という考え方 224

あとがき 228

編集協力 山城 稔
図版・DTP 美創

プロローグ　すでに戦争は始まった。日本侵攻は2027年か

平和主義は大いに結構。でも敵はかまわず攻めてくる

２０２７年、日本がウクライナのようになる――。

これは決して、脅しではありません。私が本気で心配している「迫りつつある危機」です。総理や国会議員、周囲の人々にも必死にそれを伝えています。

えっ、日本が侵略されるの？　日本で戦争が始まるの？

「絶対にそうなる」とは言いません。でも、その可能性は高いと言えます。

そうならないように、私は働いています。私たちの祖国、日本を守るために。

第一次イラク派遣（２００４年）の隊長を務めた私が、国会議員になり早15年が経ちました。この間に「日本の平和」はどんどん危うくなっています。そして**２０２２年２月24日、ついにウクライナの惨禍を見る日**が来てしまいました。もはや待ったなしです。

９０００キロも離れたウクライナのニュースは、私たち日本人には他人《ひと》事《ごと》に映るでしょう。焦土と化した町、崩れた建物からヨロヨロと出てくる市民。武器を手に戦う一般女性。ひっくり返った戦車。さらには、強奪した金品を自国へ送るロシア兵の姿……。

目をおおいたくなる惨状ですが、決して映画やドラマではありません。これが世界の現実です。明日の日本の姿です。

そうならないためにどうするのか？　まずは現状を知ることでしょう。

日本人は争いを好みません。寛容さも備えています。素晴らしい資質です。

でも、相手が一方的に殴り掛かってきたら？　黙って殴られますか？　殺されますか？　それが戦争なのです。

「私は平和主義者なので、相手は殴り掛かってこない」という理屈は通じません。それは単なる願望です。隙を見せたり、弱いと思われたりしたら、襲ってくる人がいる。奪いに来る人がいる。そうなれば、嫌でも戦わざるを得なくなります。

理不尽ですよね。ウクライナの惨状を見て「こんな横暴が許されるのか?」と憤った人もいるでしょう。でも、現実の世界はこうなのです。信じたくないでしょうが、私たちは今、その最前線にいます。というより、すでに戦いのリングに立たされた状態と言えます。目を背けることも、逃げることもできないのです。

ロシアだけではない。北朝鮮、そしてどこよりも強大な中国

2022年2月24日、ロシアがウクライナに侵攻しました。この暴挙を世界の多くの国が非難し、アメリカやNATO(北大西洋条約機構)加盟国は、ロシアに対してさまざまな制裁をかけました。日本もその一員です。

具体的には、金融制裁(海外の銀行にあるドルやユーロの凍結)、輸出規制、輸入規制、関税優遇の取り消し・撤回、超富裕層の資産凍結などです。

これに対し、プーチン大統領は「強い制裁は宣戦布告とみなす」と宣言しています。

日本はプーチン大統領やその家族の個人資産も凍結したので、アジアの他の国よりも強い態度に出たと言えるでしょう。

プーチン大統領からすれば「日本は俺に喧嘩を売った敵国」と映るわけです。

つまり、**日本はもう戦争に加わってしまった**のです。

「なぜ喧嘩を売るようなマネをしたのか？」と言う人もいるでしょう。「平和主義を貫くべきだ」と思う人もいるでしょう。その気持ちはよくわかります。また、日本が憲法に定めた「平和主義」も世界に誇れるものだと思います。しかし、しかし！　なのです。

日本は「知らん顔」をしていればよいのでしょうか？　日本だけが「平和な状態」を保つことは可能なのでしょうか？

残念ながら、答えは「ＮＯ」です。なぜなら、私たち日本国民が「知らん顔」をしても、「平和」を保とうとしても、すでに私たちを標的にしている者がいるからです。

虎視眈々《たんたん》と私たちを狙い、隙あらば、あるいは弱みを見せたら、すぐにでも攻め入ろうとしている国があるからです。しかも、一か国ではなく、複数の国に狙われているのですからやっかいです。私たちが抱える危険性は、開戦前のウクライナよりも高いと言えるでしょう。

ロシア、北朝鮮、中国――。

彼らは、なぜ日本を狙うのか。私たちはこれからどうなるのか。どうすればいいのか？

これはゲームでも他人事でも社会の授業でもなく、一人ひとりに突き付けられた現実なのです。

ヒゲの隊長から政治の現場に。私にしか言えない戦闘の真実

次ページの写真は、ＳＮＳで公開されたウクライナの女性兵士です。「死の淑女」と呼ばれる凄腕《すごうで》のスナイパー（狙撃手）なのだとか。でも、彼女が本当にスナイパー

なのかはわかりません。顔を晒《さら》せば敵に命を狙われます。そう簡単に公開するとは思えないのです。

しかし写真の女性はともかく、凄腕のスナイパーが実在するのは確かです。なぜ、そう言えるのか？

実は私も、戦場で命を狙われていた一人だからです。

スナイパーは、５００〜８００メートル先にいる人間の頭を撃ち抜く腕をもっています。当然ですが、弾丸は８００メートル飛ぶ間に、重力で下に落ちていくし風にも流されます。それを計算した上で**風上の斜め上方向に撃ち、標的を射貫《いぬ》く技術**をもっているのです。戦場には、そんな凄腕たちがこちらを狙って潜んでいます。

政治家になる前、私は自衛官でした。さまざまな任務に就きましたが、世間の注目を集めたのが、イラク戦争からの復興・国家再建のための支援でしょう。

破壊された学校や病院などの修理、医療支援、給水支援など、住民の生活を支えるために陸上部隊が派遣されたのです。私はその「初代隊長」を命じられました。自衛隊の創設以来、初めての危険地域での任務です。「死者が出るだろう」と言われました。

住民をサポートするためには、現地の生活に溶け込んでいかねばなりません。敵はどこにいるかわからず、隊員たちは「いつ、どこから撃たれるかわからない」という緊張を強いられます。真っ先に標的になるのは、リーダーである私です。部隊を混乱させるには、指揮官の命を取るのが最も効果的だからです。

事実、狙撃の情報は1日に5〜6回は入ってきました。とても悔しいですが、親しい同志だった外務省の参事官（当時。殉職後、大使）・奥克彦さんが命を落としました。日本のメディア関係者が亡くなる事件も起きました。

私は異色の政治家と言えるでしょう。しかし、だからこそ、国際情勢のリアリティがわかります。命を守ることの大切さと難しさを、震えるほどに知っているのです。

日本がなぜ狙われるのか。地図を見たら一目でわかる

それでは、ロシア・北朝鮮・中国は、なぜ日本を狙うのか？

日本とそれぞれの国の間には、長い歴史があります。正直に言うと過去「日本がしかけた」と言われるような戦いもありました。感情的な確執があるのは理解できます。しかしながら今、**日本が抱える領土問題の多くは、相手の一方的な主張によるもの**です。北方領土、尖閣諸島、竹島を巡って対立があることは、ご存じでしょう。しかし、北方四島（国後《くなしり》、択捉《えとろふ》、歯舞《はぼまい》、色丹《しこたん》）、尖閣諸島、竹島は、日本の島です。

本来は、対立すべきことではないのです。歴史的にも、国際法的にも、れっきとした日本の一部なのですから。それなのに、北方領土（北海道の一部）はロシアが「自分のものだ」と一方的に主張して人が住み、レーダー基地まで造っています。

同じように、尖閣諸島（沖縄県の一部）は中国が「自分の領土だ」と主張して漁船

が行き来し、最近では武器を搭載した艦船までが航行するようになりました。竹島（島根県の一部）には韓国が武装警察を常駐させてしまっています。

日本は、これらの隣国と対立したい訳ではありません。勝手に乗り込んできた相手に「出ていってくれ」と言っているに過ぎないのです。わが家の庭に、隣人がテントを張り「ここは私の場所だ」と主張したら、「出ていけ！」となるでしょう。それと同じ状況なのです。

ではなぜ、相手の国は、これらの場所を「自分のものだ」と主張するのか？

それは、**国後や尖閣がのどから手が出るほど欲しい**からです。なぜ欲しいのか？

言うまでもなく、これらの島々を手に入れれば、都合がいいからです。

何が好都合なのか？　いろいろありますが、簡単に言うと「他国への攻撃」と「他国からの防衛」が有利になるからです。その一番の対象は、アメリカです。

26ページの地図を見ていただければ、どういうことか、一目でわかると思います。

ロシアや中国の思惑。「逆さ地図」から見える欲と真実

私たちからすれば、北海道が上にある地図が常識です。ところが、逆さにすると、26ページのようになります。ちょっと違和感があるでしょう。

でも、ロシアや中国から太平洋を見た場合、日本はこのように見えるのです。

ロシアや中国の指導者になったつもりで、この地図を見てみましょう。

日本はどのように映りますか？

とても邪魔な存在でしょう。沖縄の小さな島々まで含めて、日本列島は大陸に蓋《ふた》をするように横たわっています。

太平洋に出ようとする時に、通せんぼするように日本列島がある。ロシアや中国からすれば「ああ、邪魔だ。日本が自国領ならスムーズに太平洋に出られるのに」と、地団駄を踏みたい気持ちでしょう。

ラオス
南シナ海
ベトナム
台湾
ホンコン
南西諸島
小笠原諸島
尖閣
沖縄
東シナ海
シャンハイ
ナンキン
対馬
中国
韓国
東京
ソウル
日本
竹島
ピョンヤン
ペキン
日本海
北朝鮮
北方四島
宗谷海峡
モンゴル
ハバロフスク
樺太
オホーツク海
ロシア
※ロシア＝ロシア連邦　中国＝中華人民共和国
韓国＝大韓民国　北朝鮮＝朝鮮民主主義人民共和国

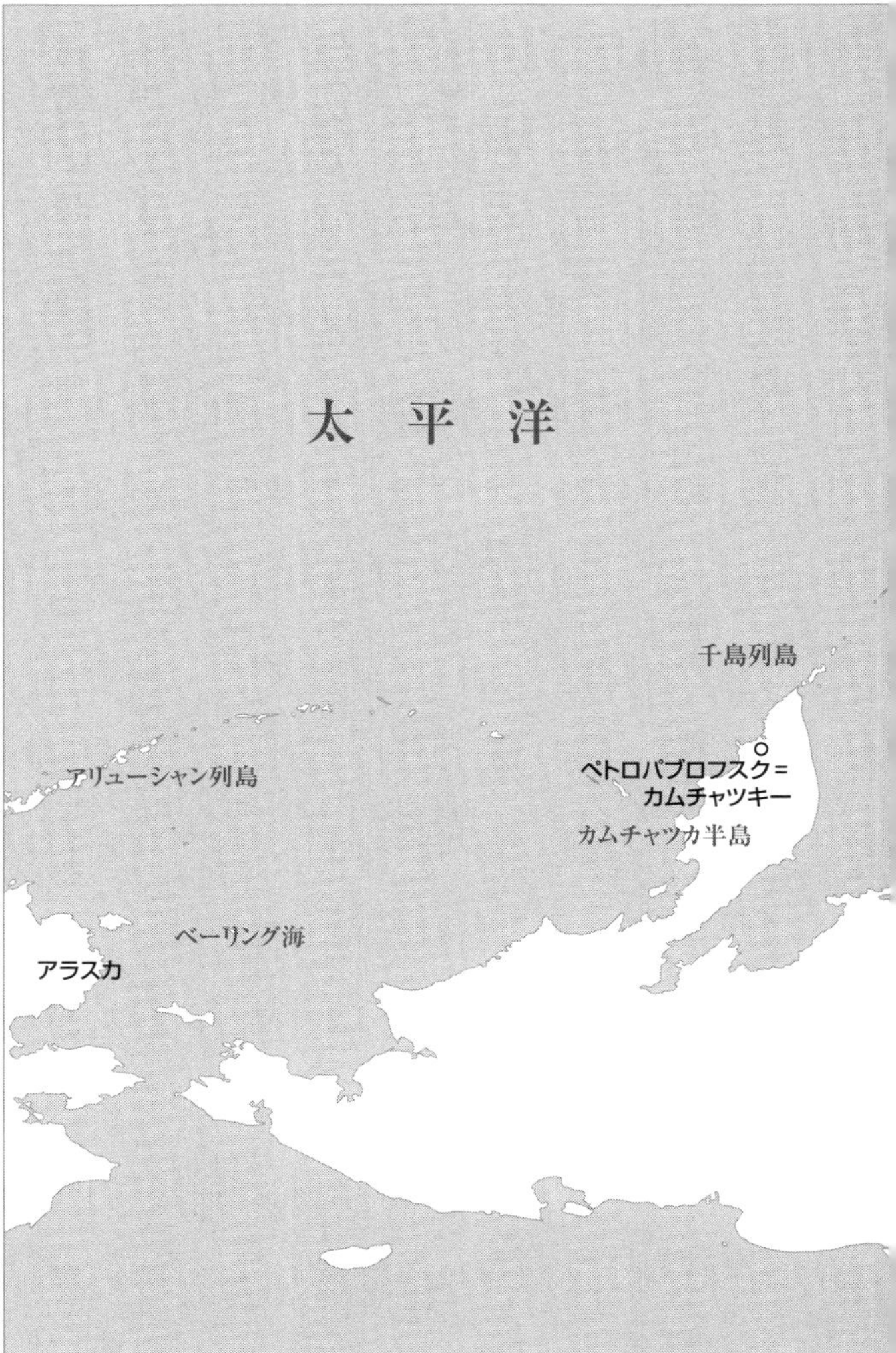
太　平　洋
千島列島
アリューシャン列島
ペトロパブロフスク＝
カムチャツキー
カムチャツカ半島
ベーリング海
アラスカ

中国が尖閣諸島を欲しがる理由。沖縄の獲得も視野に

中国からすれば、太平洋に出るためには沖縄を抜けていきたい。ところが、沖縄や南西諸島が点在し、横長に蓋をしている。日本を丸ごと手に入れるのは無理だとしても「せめて尖閣は欲しい」とか「本当は琉球諸島も欲しい」と思っている訳です。

尖閣諸島の付近を中国船がうろつくのはこのためです。そうやって「ここは自分の領土だ」とアピールし、日本を挑発して手を出されるのを待っているのです。もしも日本が手出しをしたら「世界のみなさん。尖閣は中国の島だから船が行き来しているのに、日本はそれを攻撃しました。ひどいでしょ」と訴えて、尖閣諸島が中国領であることを既成事実にしたいのです。

もう一つ、大きな理由があります。それは、米海軍を睨《にら》んでのことです。日本はアメリカの同盟国であり、横須賀には米海軍の空母が控えています。空母は航空機を載せた軍艦で、移動式の航空基地と言うべき存在。これが邪魔なのです。

中国としては、近い将来、台湾を獲りたいと思っています。そのためには、米海軍を台湾海峡に近づけたくない。では、どうするか？

中国は、**原子力潜水艦を沖縄の太平洋側に潜《もぐ》らせたい**のです。空母にとって潜水艦は脅威です。沖縄付近に潜水艦が潜んでいるとなったら、米海軍の空母は怖くて近づけなくなります。そのために中国は、漁船などを尖閣諸島の付近にうろつかせ、潜水艦を隠しながら太平洋に通り抜けさせようとしているのです。

もちろん、阻止するために自衛隊も偵察していますが、漁船が通れば潜水艦のスクリュー音はかき消され、上空からも目隠しをした状態にできます。

恐らく今でも尖閣付近には、中国の原子力潜水艦が潜っているはずです。かつて２０１０年には自称・中国漁船が日本の海上保安庁の巡視船に衝突する事件が起きました。近年では行動が大胆になり、艦船まで航行させています。屁理屈をつけて攻めてくるのが中国の得意技。尖閣だけでなく、沖縄の獲得までも視野に入れているはずです。

逆さ地図で一目瞭然。
ロシアが北方領土を返さない理由

ロシアの太平洋艦隊が太平洋に出るには、三つのルートが考えられます。
①宗谷海峡からオホーツク海に入り、そこを通り抜けるルート。
②北海道と青森の間の津軽海峡を通るルート。
③日本海を切り裂くように進み、対馬海峡から東シナ海に抜けるルート。
でも、②は日本の領土なので監視下。③もかなりの遠回りになるので非効率。
①が現実的です。しかし北方四島は日本の領土ですから、太平洋に出るためには、オホーツク海をぐるりと回って、千島列島の間を抜けなければならない。ところが、ここには大問題がありました。オホーツク海は冬には凍ってしまい、身動きが取れなくなってしまうのです。ロシアからすれば冬でも航行できる不凍港が欲しい。そこで目を付けたのが、歯舞群島、色丹島、国後島、択捉島の北方四島でした。ここなら凍らないし、この脇をすり抜ければ、最短ルートで太平洋に出ていける。そこで第二次

世界大戦後、日本が反撃できない隙に、四島を次々と不法に占拠していきました。島には日本人が居住し、平和な生活を営んでいたのに。歴史的に見ても、間違いなく日本固有の領土なのに。

今回の**ウクライナと同じようなことが、北方四島でも行われていた**訳です。しかも当時のソ連は、57万5000人もの日本人を捕虜としてシベリアに強制的に連れて行った。そのうちの5万5000人ほどが亡くなっています。とんでもない暴挙です。

話を北方領土に戻します。そんな大事な場所を、あのプーチン大統領が簡単に返還するはずがありません。ましてや北方四島はオホーツク海の蓋になります。まさにロシアの玄関口であり、ここを日本に渡したら、アメリカの原子力潜水艦が入ってきてしまいます。さらに、この北のカムチャツカ半島・ペトロパブロフスク＝カムチャツキー港には、ロシア原潜の基地もある。

プーチン大統領の本音は「北方領土を返すどころか、北海道も欲しい。あわよくば青森も獲ろう」なのです。青森が手に入れば、津軽海峡を通って太平洋艦隊を動かせる。そうなれば大陸だけでなく、太平洋の国々を獲る展望が開ける、という訳です。

「戦争なんて起きない」。何の根拠もなく安心していていいのか?

韓国がなぜ竹島を占拠するのか?

北朝鮮が、なぜ日本に向けて頻繁にミサイルを撃つのか?

その理由も「逆さ地図」から見えてきます。第三章で詳しく説明します。

ロシアや中国から見れば、日本がなんとも邪魔な存在であることは、ご理解いただけたでしょうか?

「でも、この平和な時代に、ロシアや中国が攻めてくるなんてあり得ない」と楽観論を唱える人がいます。本当にそうでしょうか?

現実は「この平和な時代」に、ロシアはウクライナに侵攻しました。中国はフィリピンが領有権を主張している南シナ海の岩礁(島とは言えない岩場)を、次々と埋め立てて滑走路を建設しました。

どちらもロシアや中国が、自国に自分勝手な理由をつけて、一方的に行ったことです。

ここからわかるのは、彼らは**欲しいと思った地域は奪い獲りにくる**ということ。侵略の屁理屈などは、いくらでもつけられるという事実です。

ウクライナは、ロシアから「ネオナチ」「侵略しようとしている」「核兵器を取得しようとしている」と言いがかりをつけられ、侵攻されたのです。プーチン大統領はそれを「先制的な反撃」「タイムリーで唯一の正しい決定」と正当化しています。

プーチン大統領の本当の胸のうちはわかりません。でも、事実はわかります。ウクライナ国民の膨大な命が奪われ、国をめちゃくちゃにされたことです。侵攻したロシア軍の側も若い兵士が次々と死んでいっています。これが戦争の冷酷な現実なのです。

私は政治家です。国民の命を守る責任がある。国を守る義務があります。

そのために、強い気持ちでこの本を書きました。若い女性や中高生、大学生、子育て中の親御さんにも、日本がすでに有事に巻き込まれていることをお伝えするために。

専門用語や難しい言葉は使わぬよう心がけました。

老若男女、大人も子どもも知るべき世界が今あります。ウクライナでは若い女性までが戦い、子どもたちも犠牲になっています。

日本が焦土になってはいけないのです。自分を守るため、大切な人を守るためです。

将来に禍根を残さぬために、**怖いけど、嫌だけど、知らなければならない**現実がそこにあります。

第一章　ロシアはなぜあれほどウクライナに苦戦しているのか

ウクライナの意外な強さ。過去の失敗に学び、兵力を増強

２０２２年２月24日、ロシアがウクライナに侵攻しました。攻め込んだロシアはおそらく「短期決戦」を想定していたはずです。世界中がそう思っていたことでしょう。日本でも当初は「首都キーウは２～３日で陥落するだろう」「数日でウクライナ全土が掌握される」といった識者の見方が多かったように思います。しかし、現実はまったく違いました。兵力では圧倒的に不利なウクライナは、不屈の戦いで一進一退の攻防を繰り広げています。

ロシアが短期決戦に失敗した理由は何か——。

それはウクライナ側の要因と、ロシア側の要因の二つが考えられます。

まずはウクライナ側の要因ですが「過去の失敗を反省し、自国の兵力を強化したこと」が挙げられます。過去の失敗とは何か？　歴史を簡単にさかのぼってみましょう。

２０１４年、ウクライナの領土であるクリミア半島をロシアが併合しました。クリミアは、もともと旧ソビエトの領土でしたが、１９５４年にウクライナに譲渡されたという歴史があります。このため政治的に「ロシア派」と「欧米派」で揺れ動いていましたが、政変に乗じてロシア軍が乗り込みました。その結果、表向きは「クリミア共和国」という独立国になりましたが、事実上はロシアに併合されたのです。

もちろん、当のウクライナはこれを認めませんでした。欧米諸国や日本も抗議しました。しかしロシアは、強引に条約を締結して自国のものにしてしまったのです。

ウクライナの失敗は、２０１４年当時、防衛をとても軽視していたことです。そのためにクリミアをみすみす獲られてしまいました。ウクライナのリーダーたちは、国防力の欠如を猛省し、防衛力を強化し始めたのです。

以来8年間、**ウクライナは防衛費を増やし、欧米との訓練をくり返す**などして、兵力を増強してきました。また、ロシアとの国境付近（主にドンバス地方）で、ずっと小競り合いが続いていたことも、有利に働きました。ウクライナ兵たちは実戦を通じて戦い方を学び、強い部隊が育っていたという訳です。

キーウは簡単に落とせる!?
なめ切ったプーチン大統領の誤算

２０１４年当時のウクライナを、今の日本に重ねる人がいます。防衛費も少なく、「国防」ということへの国民の意識も低かったからでしょう。私は「わが国の自衛隊の意識と技量は相当高い」と思っているので、この意見には賛同できません。

ともあれ、当時のウクライナは、政権も国民も「ロシアが攻めてくる」などと考えてもいなかったのでしょう。なにしろ、ロシアと隣接したドンバス地方の軍隊にも十分な装備が施されていなかったほどですから。例えば、塹壕《ざんごう》の穴を掘るスコップの備えも不十分で、兵士は手で穴を掘ったとさえ言われています。

クリミア半島も同じような状況です。ロシア軍ではない覆面を被った得体の知れないグループによって、極めて短時間のうちに占拠されてしまったのです。

そういう過去を知っているため、ロシア、というよりプーチン大統領は「ウクライナは簡単に落とせる」と踏んだのでしょう。つまり、慢心していた。なめ切っていたのです。彼は「首都キーウは早ければ数時間、長くても3日くらいで陥落できる」という腹づもりでいたようです。このため作戦自体も、ロシア内部のごく一部の人間にしか教えられていませんでした。訓練だと思っていた兵士も多かったようです。

プーチン大統領は「ウクライナはすでにロシアの領土」と考えていたのだと思います。侵攻の前、アメリカのブリンケン国務長官とロシアのラブロフ外務大臣が「戦争回避」に向けて直接会談を行い、調整をしていました。そんな外交努力を無視し、**トップダウンでいきなり侵攻を始めた**のです。

つまり今回の戦争は「プーチンのプーチンによるプーチンのための戦争」と言えるものです。結果、作戦はめちゃくちゃ。「戦いのセオリー」も完全に無視されました。

私はロシア軍の動きは侵攻準備そのものと受けとめていたので、侵攻開始時は「やっぱりそうだったか」と比較的冷静に受け止めました。しかし、戦況の第一報を受けた時には、そのあまりにも素人的な、稚拙な攻め方に「そんなバカな」と声を上げてしまったのです。

戦力の集中と分散。
戦い方の基本を無視したロシア軍

ロシアがウクライナをなめ切っていたことは、当初の攻め方を見ればすぐにわかります。

ロシアはウクライナに対し「六つの方向」から同時に攻め入りました。おそらく「広範囲から侵攻し、各地域を制圧しながら進軍する。一気に、短期間で全土を支配下に置く」と考えたのでしょう。いかにも素人が地図を見ながら発想した、まさに机《き》上《じょう》の作戦です。

ロシア軍の攻め方は、愚の骨頂でした。なぜなら、戦いにおける最も大事なセオリーである「戦力の集中と分散」を無視していたからです。どういうことか？

2022年2月24日　侵攻初日の状況

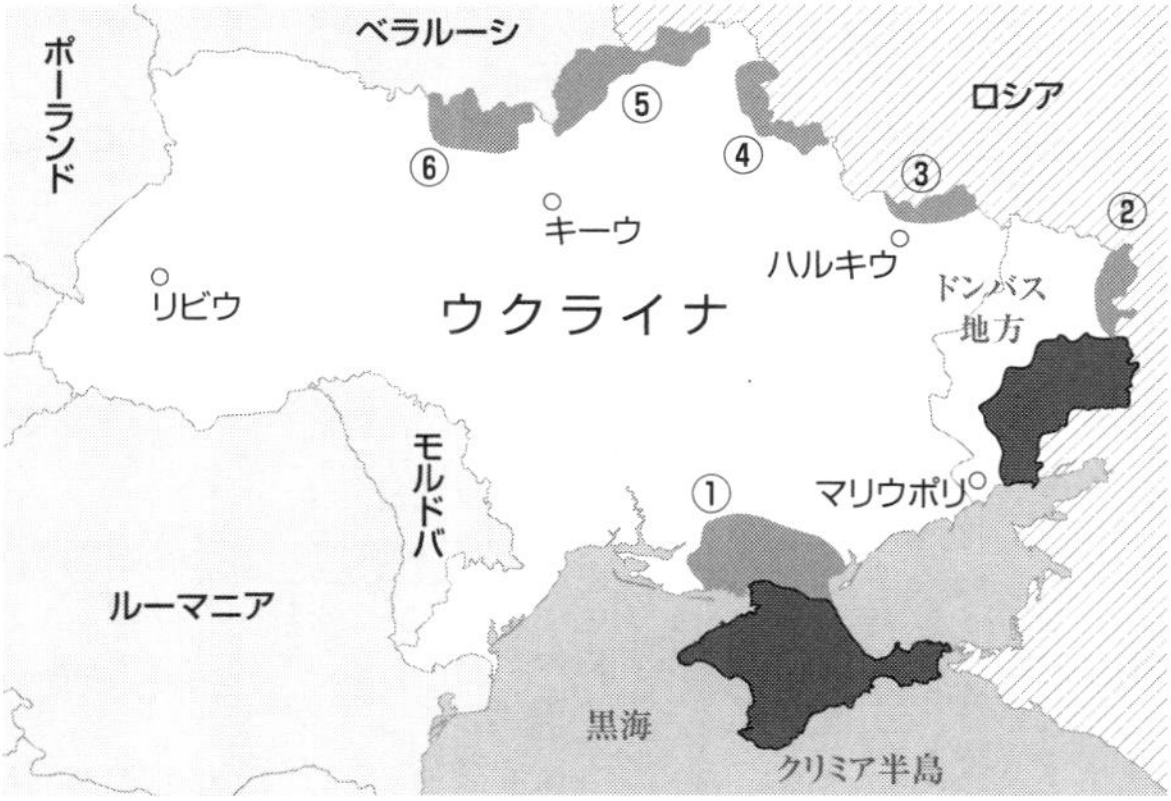

ロシアが制圧　ロシアが侵攻前から支配

攻める側は、**攻撃力を1か所に集中させる**と同時に、相手の守りは分散させる。戦力を集中させれば、それだけ兵力は増強されます。そうやって確実に1か所に穴を開けて攻め落とし、そこから広げていく。

初期の時点では、守る側は、相手がどこから攻めてくるかわからないため、全方位に守りを分散させています。つまり、それぞれの守備力は手薄になっており、攻撃側が戦力を集中させれば、比較的容易に攻め落とせます。

「二兎《と》を追う者は一兎をも得ず」という諺《ことわざ》がありますね。2匹のウサギを捕ろうとすると1匹も捕えられない。戦争もまさにそれと同じなのです。

今回のロシアの攻め方を見て、多くの軍事専門家は、首を傾《かし》げたと思います。私も同じです。「今回は我々の知っているロシアではない」と。

首都キーウの郊外にある町・ブチャで虐殺が起こったことも、我々からすれば信じられない暴挙です。計画性がまったく感じられないのです。ロシアとの国境にあるルハンスク地方の攻め方もそうです。不可解な点を挙げればきりがありません。それほど無計画だったのはロシアの慢心、あるいはプーチン大統領の大誤算としか考えられません。

ブチャの民間人虐殺。
日本と対峙する極東部隊の所業か

さて、軍人には「武器をもつ」という特権が認められています。特権がある以上は責任がある訳です。軍人の責任とは、国家と国民を守ること。そのために**銃を始め、**

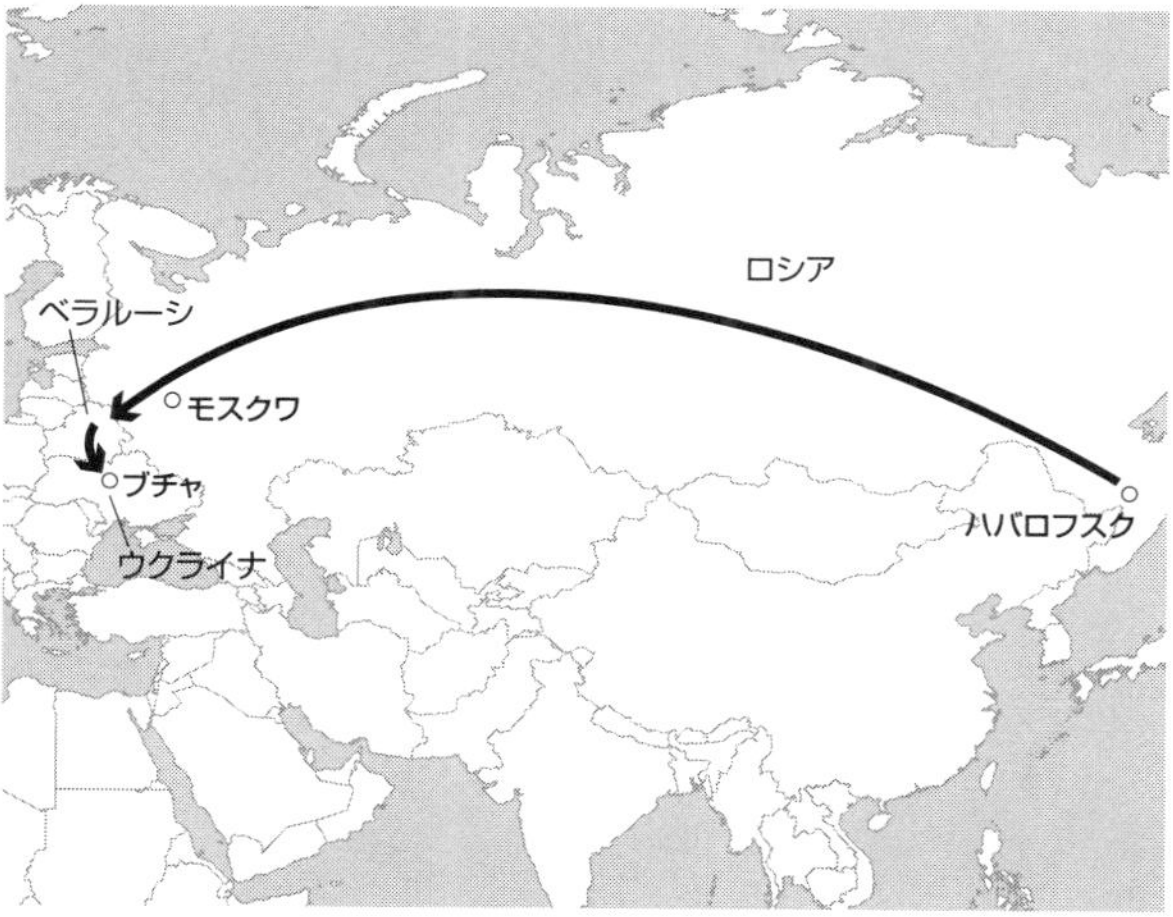

武器をもつことを許されたのです。それを一般市民に向けるようでは、もはや軍とは呼べません。ただの破壊集団、盗人《ぬすっと》集団、殺戮《さつりく》集団です。今回のロシア軍の所業を見る限り、「相当にレベルの低い部隊」と言わざるを得ません。

ウクライナの国民は、蛮行《ばんこう》の犠牲になってしまいました。とても無念ですし、激しい憤りを感じます。そして、言いようのない虚しさも感じています。

実は、ブチャの虐殺を行い、街を破壊し尽くした部隊は、いつもは日本の目の前にいる極東部隊と思われます。ハバロフスクに司令部がある東部軍管区の部隊。ロシアの東端にいる部隊が、ユーラシア大陸を西に進み、ベラルーシに入った。そこからドニエプル川の西岸に沿って、ウクライナの首都キーウに向かったのです。

ベラルーシはヨーロッパ最後の独裁国家と言われ、ロシアと友好関係にあります。東部軍管区の部隊は、ベラルーシで直前まで演習を行い、そこからキーウに向かえと命令されたのだと考えられます。東部軍管区からウクライナまでは直線距離でも８０００キロほど。しかも季節は真冬。心身共に疲弊しきっていたと想像できます。

私も自衛官時代、零下10〜20度の酷寒地で訓練をしたことがありますが、外にいるのは地獄です。戦車も装備も鉄製のため氷のように冷たい。燃料を節約するため、暖房は使えません。戦車も、装甲車も車内はまさに冷蔵庫のようです。

温かい食事と毛布が欲しい……。こんな極限状況で過ごしている兵士たちが「ウクライナはヒトラーのような独裁者の支配下にある。迫害されている我らロシアの同胞を救出するのだ」と命じられて、首都キーウに乗り込んでいった、という訳です。

混乱する戦場。大虐殺はFSBの指示なのか？

もちろん、私はロシア軍の行為を正当化したり、兵士たちに同情したりしているのではありません。むしろ逆です。過酷な戦場では、めちゃくちゃなことが起こり得る、と言いたいのです。

少しだけ専門的な話をします。準備不足で土地勘もない。通常なら市街戦は避けるところです。なぜなら、**ビルや建物がある場所は、どこに誰が、どんな兵器をもって潜んでいるかわからない**からです。守る側としては隠れる場所があったほうが、敵を攻撃しやすい。逆に、攻める側としてはとても怖い。

あってはならない話ですが、もしあなたが攻める側ならどうでしょう？　建物の陰から人が出てきたら撃ってしまいませんか。建物を片っ端から破壊して視界を広げようとしませんか。本来なら街の外れから攻撃し、小部隊ごとに逐次押さえていきます。

ところが、ロシア軍は街を焼き払うような形で攻撃をしました。しかも、攻撃しながら、民間人をどんどん殺害していったのです。

防衛省の人間がこんなことを言いました。「佐藤さん、私たちが命をかけて対峙《たいじ》している極東部隊は、あんなにレベルが低かったのかと思うと、悔しいです」と。

でも、裏を返すとこうなります。有事の際には、そういう練度の低い、めちゃくちゃなことをする〝ならず者部隊〟が日本に乗り込んでくる、と。

今回の侵攻で、ロシア軍は、精強部隊を西側の国境付近に置いたのでしょう。２０１４年から小競り合いを続けてきたドンバス地方のみならず、第２の都市ハルキウを精強部隊によって完全に叩き、そこから首都キーウに進もうと考えた。しかし、**ウクライナ軍は想像以上に手ごわく、目論見通りにはいかなかった**という訳です。

ブチャの虐殺は、そういうロシアの焦りの現れなのかもしれません。ＦＳＢ（ロシア連邦保安庁）が乗り込み、部隊に虐殺を指示したという話もあるからです。ＦＳＢとＳＶＲ（ロシア対外情報庁）はＫＧＢ（ソ連国家保安委員会）の後継組織。ＫＧＢ

はスパイ映画でもおなじみの諜報や特殊任務などを行う情報機関です。プーチン大統領がＫＧＢ出身なのは、よく知られた話でしょう。

SNS時代の戦争。
市民も兵士の一人になる

ＦＳＢは、犯罪対策などを担う特殊な機関です。外国やテロリストによるスパイ活動を阻止するのも重要な任務の一つ。裏で暗躍する、冷酷非情な恐ろしい組織です。

極東から派遣された東部軍管区の部隊は、当初、ブチャの町などはスーッと通過できると思っていたはずです。なぜなら彼らは「ロシアの同胞を解放する」という任務を与えられていたからです。「ゼレンスキーはとんでもない独裁者だ。ナチスのような国だ」と吹き込まれ、「私たちは、解放軍として歓迎される」と思って意気揚々と乗り込んだ訳です。

それなのに、いざ街に入っていくとウクライナの市民から「お前らは侵略者だ、出

ていけ」と言われる。しかもロシア語で罵《ののし》られる。食料などの物資を届ける兵站《へいたん》も来ないから、お腹はペコペコだし、寒いし、罵倒されるしで、ついには心が折れてしまう。

若いロシア兵が、ウクライナの市民から熱い紅茶とパンを出され、泣きながら母親に電話をする動画を見たでしょうか？　「僕はまだ一人も殺していない。母さん、許してくれる？」と。動画はウクライナ軍が撮影したものと思われますが、「やらせ」ではなく、戦場で心身共に疲れ切った「兵士のリアル」でしょう。ウクライナとしては、真実を知らせることで、ロシア兵の戦意を挫《くじ》こうとしたのでしょう。戦場でも兵士たちはスマホを見ていますから。

これが現代の戦争、「ＳＮＳ時代の新たな戦い方」の一つの型なのです。

ＦＳＢが乗り込んできたのは、このような情報拡散を恐れたからとも考えられます。制圧した地域に対する調査権限は、軍よりもＦＳＢのほうが上なので、部隊は虐殺を指示されたのかもしれません。

市民がブチャで停滞するロシア軍の動きを撮影し、ＳＮＳで通報する恐れがある。ロシアとすれば、それは許せない。苦戦や戦争犯罪を世界中に知られたら、大国の威信は揺らぎます。スマホをもつ市民は「通信兵」のような存在で明らかな敵なのです。「面倒だ。抹殺すべきだ」という判断が働いたことは、想像に難《かた》くありません。

ウクライナの幸運。過去の戦い方で臨んだロシア軍

２０２２年２月24日のロシア侵攻が始まる前、「軍事侵攻はないだろう」というのが、大方の専門家の見方でした。でも、私の考えは違っていました。なぜなら、**ロシアはウクライナとの国境付近に1年前から新たな基地を造っていた**からです。目的もなく基地を造ることはあり得ません。極東部隊がベラルーシに派遣されたという情報も得ていました。これによって「ロシアはやる気だ」と確信したのです。同時に「決戦は短期になる」とも予想していました。

ところが、ロシアは短期決戦に失敗したのです。理由は前項でもお話ししたとおりです。

もう一つ、ロシアの大きな怠慢、最悪の失敗。それは、最初にウクライナの対空火器、防空網を叩かなかったことです。普通なら少なくとも2〜3日、できれば1週間くらいかけて**相手の空軍基地や対空火器を攻撃し、制空権（戦闘機が飛べる状況）を確保**します。同時に、サイバー戦をしかけて、情報システムを破壊したり、混乱させたりします。いわゆるハッカー行為や、電波塔への攻撃などです。

こうやって、相手の飛び道具を奪い、目と耳を塞《ふさ》いだ上で、地上部隊を投入していく訳です。しかし、ロシアは初日の夜明け前に2〜3時間それをしただけで、地上部隊を侵攻させ、上空に輸送機を飛ばしてパラシュート部隊を降下させた。

どうなったと思いますか？　対空火器が残っているので、パラシュート部隊は撃ち落とされる。戦闘機も思うように飛べない。戦車は燃料が切れて立ち往生。ドローンに破壊される戦車もありました。戦車は重く燃費が悪く、前と後ろを叩かれたら最後、身動きが取れません。小回りの利かない戦車や地上部隊を動かすなら、燃料給油車や防空火器、ドローンを飛べなくする電子戦部隊も同行させなければならないのです。

ところが、ロシアはそんな基本さえ不十分だった。なぜか？

やはり、過信と慢心と言えるでしょう。過去のチェチェンやシリアの戦いでは、空爆が主で、地上軍を壊滅させた後で掃討部隊が乗り込んでいった。しかし時代は変わったのです。新たな戦い方への準備が明らかに不足していました。

ロシアの混乱と苦戦。中国はそれを教訓にする

情報戦を含めた「新しい戦争のカタチ」については第五章でもお話しします。いずれにしても、ロシアは現段階では、その「新たな戦い方」の導入に失敗しました。

なぜ、電子戦部隊を同行させなかったのか。あるいは、同行させたのに機能しなか

ったのか？　なぜ、対空火器を完全に叩かなかったのか？　なぜ、戦車を多用したのか？

本当に「なぜ？」ばかりなのです。国の存亡をかけて戦争をしかけているはずですから、本来は周到な上にも周到な準備を行い、事に当たるのが軍事です。電波を使えなくすれば、相手のドローンもＳＮＳも封じられる。そんなことは戦争の素人でもわかります。

道路以外の場所でも走行できるのが戦車の強みですが、反対に、狭い市街や、ぬかるんだ泥ねい地には不向きです。それなのにわざわざ重くて高価な戦車を多用し、小さくて安価なドローンにひっくり返されてしまう。滑稽なほどおそまつです。

ニュースなどでは、ウクライナの地図を映し「ロシアが制圧した地域」を赤く塗ったりしています。しかし実際は、赤く塗られた地域の村は、単に「ロシア軍が通過した地域」にすぎなかったりもします。村をとりあえず攻撃しただけで通過していく。つまり、ロシア兵は「戦ったふり」をしているだけ。戦意を喪失している訳です。

こうした、戦い方の杜撰《ずさん》さや稚拙さを隠せない時代になってしまいました。

もはや、マスコミが戦争を報じる時代ではありません。現場の**Twitter情報のほうが早いし、リアル**だからです。ウクライナ国民全員が撮影者であり、発信者となったのです。

今回のロシアとウクライナの戦いを、今、最も真剣に見ているのは中国でしょう。

ロシアはなぜ失敗したのか。ウクライナはなぜ善戦できているのか。どのように情報を使えばいいのか？　世界を敵に回さないためにはどうするか？

台湾統一が視野にある中国にとって、今回の戦争はまさに生きた教訓。スムーズに台湾を獲る方法を思案しながら、虎視眈々と「その時」をうかがっています。

習近平の目論見。
戦いの火蓋はすでに切られた

実は、今回の戦争報道でとても驚いたことがあります。

それはロシアが侵攻する2週間ほど前に、ウクライナからロシアに避難する人々の様子が撮影されていたことです。撮影したのはＣＣＴＶ（中国中央電視台）という中国の国営放送局。ということは、母体の中国共産党は、ウクライナの深くまで入り込んでいる訳です。もちろん、ロシアではもっと深くまで食い込んでいることでしょう。確実に「侵攻の情報」をつかんでいたと思われます。

国際関係は、情報が鍵を握ることは言うまでもありません。信頼度・真実味の高い情報を得て、評価・分析をし、意思決定をしたり、行動を起こしたりする。これをインテリジェンス（intelligence）と言いますが、中国共産党は、その能力に長《た》けているようです。映画『００７』シリーズのジェームズ・ボンドのようにスマートかどうかはわかりませんが、現実の世界でも日々諜報戦がくり広げられていることに疑いはありません。

大事なのは情報をどう活用するか？　そして**情報をどのように流すかもインテリジエンス**です。

ロシアが侵攻してからおよそ1か月後。中国の習近平国家主席とアメリカのバイデン大統領の両首脳がオンラインで会談を行いました。習主席が語った内容の中に、私はとても引っかかったことがありました。それは次の2点。

①国際社会が束になってロシアを制裁しても、解決にはつながらない。

②ＮＡＴＯとロシアが話し合うべきだ。

この発言は裏を返すとこうなります。「中国が台湾に侵攻した時に、国際社会が制裁をするのはよくない」。そして「中国が台湾に侵攻しても、アジアにＮＡＴＯはないので、我々の行動に対してはどこもＮＯが言えない」と全世界に向かって、暗に宣言したのです。

つまり、戦いの火蓋はすでに切られている、ということです。第四章で詳しく話しますが、中国の世界に対する影響力は年々大きくなっていきます。今回の発言や先のＣＣＴＶの映像を見ても、先制パンチ的に、強烈なインテリジェンスを発したのです。

ロシアは体力が低下。中国はロシアと北朝鮮を利用する

ウクライナを短期決戦で落とせなかったことは、ロシアにとって大きな痛手です。戦いが長引けば長引くほど戦車や装甲車、人員に多数の損失が出て、回復には時間がかかります。そもそも折からの半導体不足により、ハイテクノロジーの武器が品薄だったところに、経済制裁を加えられ、ますます武器や兵器は製造しづらくなります。

ですから、冷静に考えれば、そのように疲弊したロシアが今すぐ日本に攻めてくるとは思えない。しかし、何が起きるかはわかりません。恐ろしいのはロシアの極東部隊(東部軍管区)が、ブチャで虐殺を行った部隊であること。真っ先に日本に侵攻してくるのは、その部隊なのですから。やはり、少しの隙もつくる訳にはいきません。

もう一つ気がかりなのは、今回、ロシア空軍の戦略爆撃機などは出動しておらず、ほとんど残っていることです。ミサイル巡洋艦「モスクワ」が撃沈されたことが大きく報道されましたが、巨大な海軍にとってはかすり傷程度でしょう。実質的に、海軍

はほとんど動いておらず、戦力はそのまま残されている。海軍と空軍が中心となって日本に攻めてくることは、可能性としては十分にあり得ます。

ただし、冷静に日本の安全保障を考えるなら、やはり問題は中国でしょう。前にも話しましたが、戦いにおいて最も大事なのは「戦力の集中と分散」です。

もし、私が習近平国家主席だったら、**台湾を獲りに行く時に、同盟国の北朝鮮に動いてもらう**でしょう。すると、在韓米軍や日本の自衛隊、在日米軍は、北朝鮮に対して守りを固めます。また、ロシアにも同時に動いてもらう。極東方面で動けば三沢の米軍や北海道の自衛隊が対応します。また、ウクライナの正面で動けばＮＡＴＯが動く。

そうやって相手の防衛力を分散し、台湾への守りを薄くしておいて、スーッと獲ってしまう。中国からすれば、これがベストの戦い方と言えるでしょう。

このように、相手の側に立って考えることは戦いの基本です。中国から見れば尖閣諸島は台湾の一部。日本はすでに「有事」と言えるのです。

ウクライナ善戦の背景。世界はなぜ応援したのか

アメリカやＮＡＴＯ加盟国は、ウクライナに対して武器の支援や情報支援を行っています。兵力ではロシアに劣るウクライナの善戦は、この支援なしには語れないでしょう。では、なぜ各国はウクライナを応援したのか？

それはウクライナが必死に頑張っているから――。

こう言うと、浪花節《なにわぶし》的で、根拠が乏しく感じられますよね。ではお聞きします。助けを求められたとして、努力も何もしない人を、あなたは命がけで守りますか？

２０２１年、アメリカはアフガニスタンから撤退しました。その際にバイデン大統領は次のような辛辣《しんらつ》な言葉を放ちました。

「アメリカは自分の国を守らない軍隊とは共に戦わないし、命をかけることもない」。

日本はアメリカとの間に「相互協力及び安全保障条約」を結んでいます。しかしそ

の条文に「永遠に」とは書いてありません。「この条約を終了させる意思を通告することができる」となっています。私たちはアメリカを頼りにしていますが「いつまでも、どんな場合でも助けてくれる」と保証されている訳ではないのです。

以前、私はアメリカの議員と「尖閣諸島の重要性」について話し合ったことがあります（尖閣については、第四章で詳しく話します）。

私の説明を聞いた彼は、こう言いました。

「なるほど。尖閣の重要性は、よくわかった。ところで、島には何人住んでいるんだ？」

私は「人は住んでいません。ヤギが２００頭いますが……」と答えました。

「え、無人島なのか？　その島を守るために、アメリカの若い兵士が血を流すのか」

私はぐうの音《ね》も出ませんでした。彼の言うことは間違っていないからです。安全保障条約は結ばれていますが、**自分で自分を守ろうとしない者を、命を賭して守ろうとする人間がどこにいる**でしょう。バイデン大統領はそれを言っているのです。

平和があたり前!?　日本の壁。
ウクライナ侵攻の三つの教訓

ウクライナは今回、身をもって、三つの大切なことを教えてくれました。

一つ目は、自分の国は自分で守らなければならない、ということ。

世界は常に危険に満ちています。いつ何時、誰が攻めてくるかわかりません。「いざ有事」となった時には、自分で自分の身を守るしかないのです。

二つ目は、同盟を強化し、盤石なものにしておかねばならない、ということ。

自分に余裕がなければ、相手を守ることはできません。人間関係に置き換えてみるとわかります。自分勝手なことばかりしない。相手のために汗を流す。相手の足りない部分を補う。ウソをつかない。誠実に対応する……。日頃からの小さな行動の積み重ねでしか、信頼は築けません。国と国との関係も同じだと思うのです。

三つ目は、**自分の国を自分で守る国でなければ、他国は応援しない**、ということ。ドラえもんはのび太君に、時々強いことを言います。「ぼくに頼ろうとしないで自分の力で解決してごらん」と。結局は助けるハメになるのですが、のび太君が頑張る姿を見ているから、力を貸すのです。どの国も、自国の人を守る義務がある。他者を助けるのは二の次です。「あいつも努力しているから応援する」というのが関係の基本でしょう。

私たちが住む家には壁があります。屋根もあります。だから安心して暮らせます。しかし、国には壁がありません。国境に壁や鉄柵が築かれた国もありますが、簡単に壊せます。空からも入っていけます。

日本はどうでしょう？　周囲をぐるりと海に囲まれている日本には「天然の壁」があります。このため「敵が攻め入ってくる」という経験は、航空機が登場した後のことです。時代はさらに変わりました。

今では１０００キロ以上離れたピンポイントの場所に、ほぼ正確に、ミサイルが飛んできます。数発なら撃ち落とせます。でも数十発来たらどうでしょう？すべてを撃ち落とすのは不可能です。また、**軌道を変えながら飛んでくるミサイル**を撃ち落とすのは容易ではありません。

でも、日本は大丈夫！――。本当にそう言えるのでしょうか。私も本当はそう言いたい。しかし、周りの国を見渡せば「大丈夫！」とは、とても言えません。

なぜ、彼らは他国に攻め入るのでしょう？　それは自分の国を広げたいからです。自らの影響力を拡大したいからです。自分の力が及ぶ範囲を広げれば、経済も政治も有利になるからです。これを「覇権主義」と言います。

困るのは、暴力でそれを行おうとすることです。腕力で弱い者を脅し、自分の手下にするいじめっ子と同じです。そんな覇権主義者たちと、どう向き合うか？

次の章からは、ロシア、北朝鮮、中国が日本をどう狙うのか、をお話しします。それは、私たちがどう向き合うか、という自分自身の問題でもあるのです。

第二章
ロシアは北方領土を返すつもりはない

ロシアははるか遠い国。なんて思っていませんか？

ロシアは遠くにある国だと思っている人がいます。とても大きな国なので、全体を把握できないのでしょう。

でも実際は、日本のすぐそばにあります。

雑学ネタのようですが、日本の「宗谷岬」から「サハリン」（樺太）の南端までは、わずか43キロ。

ロシアは実は、日本に一番近い国なのです。

もう一つ、クイズを出します。

「北海道、本州、四国、九州以外で、最も大きな日本の島はどこでしょうか？」

答えは、択捉島です。「択捉島は日本なの？」と驚く人もいるかもしれませんが、

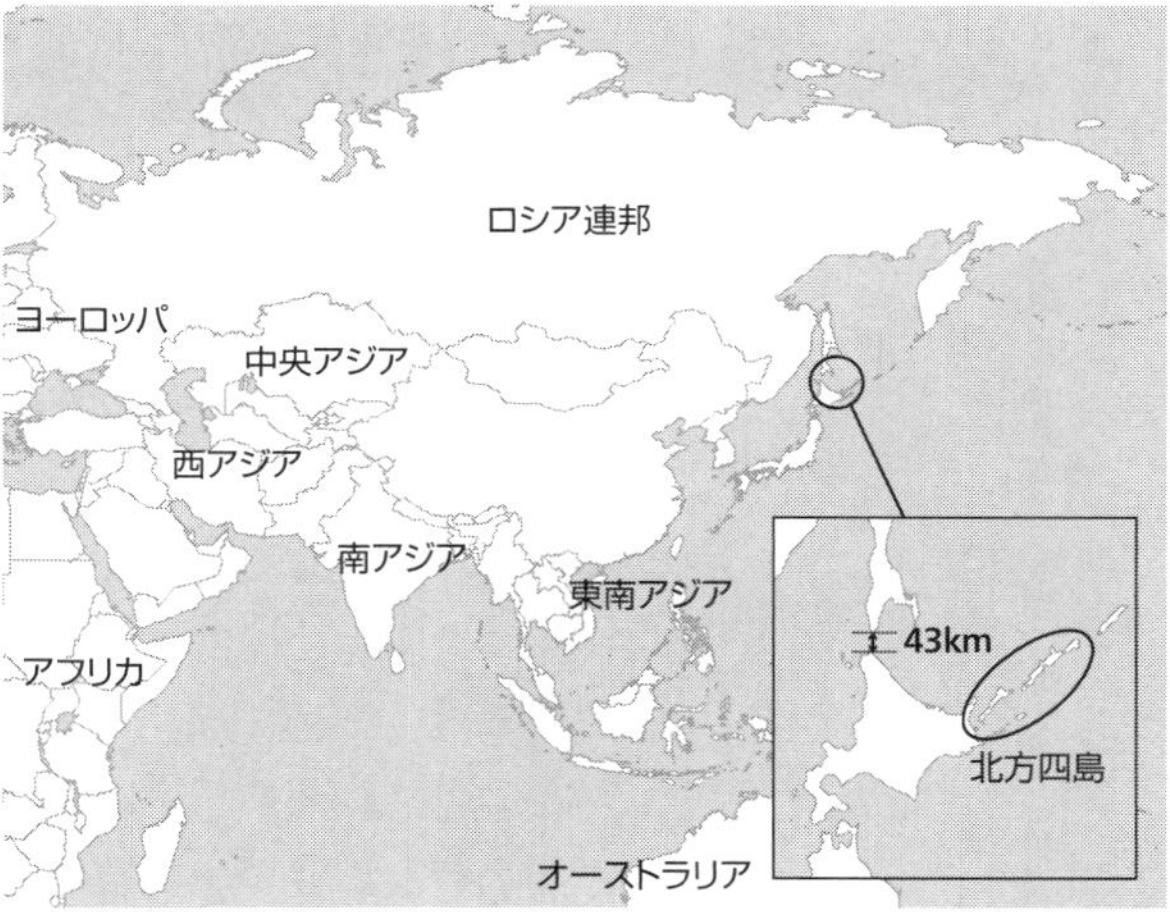

間違いなく日本の島です。択捉島、国後島、色丹島、歯舞群島の**北方四島は、歴史的な事実からも国際法に照らしても、明白な日本の領土**なのです。

簡単に歴史を振り返ってみます。

江戸時代にはすでに日本は北方四島と交流し、支配していました。そして、幕末の1855年、ロシアとの間で結ばれた日魯《にちろ》通好条約において「北方四島までが日本、得撫《ウルップ》島からがロシア」と、正式に決まったのです。

なのになぜ、ロシアに奪われたのか？

それは第二次世界大戦の末期のことです。

終戦間際の１９４５年8月8日、ソ連（ロシア）は「日ソ中立条約」という不戦の約束をしていたにもかかわらず、日本を攻撃してきました。8月14日、日本はアメリカ・イギリス・中華民国（中国）が要求する「ポツダム宣言」を受けて降伏します。ところが**ソ連だけは攻撃をやめず、北方四島を不法に占拠**したのです。

「たかが北方四島」などと言うなかれ。甘い顔を見せてはいけない

ロシアがしたことは、まさに「どさくさ紛れの強奪」です。若い世代には、その事実さえ知らない人がいます。大切なことなので、もう少し歴史の話を続けましょう。

降伏して、敗戦国となった日本は連合国に占領されました。ＧＨＱ（連合国軍最高司令官総司令部）が東京に設置され、マッカーサー元帥が最高司令官に着任しました。アメリカの軍人です。イギリス、中華民国、ソ連、オーストラリア、カナダ、フランス、オランダ、ニュージーランドなどの「日本占領部隊」も次々とやってきました。

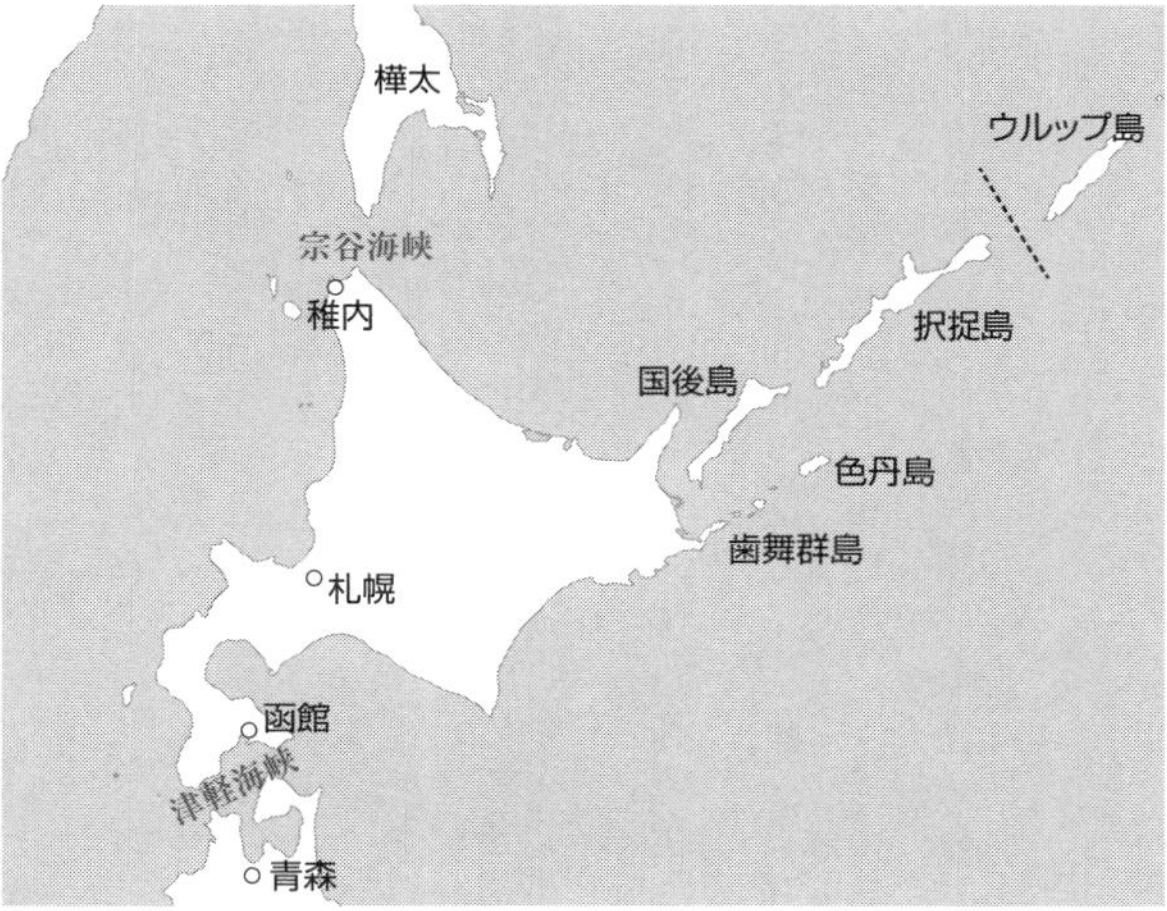

連合国側は「日本を分割して統治する」ことを検討しましたが、結果的には「連合国が日本政府を介して間接的に統治する」ことになったのです。これによって日本の分割は免れました。しかしソ連は、分割案を強く主張。「北海道と東北の占有」を要求したのです。アメリカを始めとする連合国は、これを断固として拒否しました。

日本が連合国の占領統治を解かれたのは、１９５２年のことでした。「サンフランシスコ平和条約」が結ばれた翌年に、日本はやっと主権を回復したのです。戦後７年目のことです。

ソ連はこの条約が不満でした。北海道と東北が欲しいからです。不法占拠している北方四島も返さなければなりません。ソ連は分割を主張し続けました。

その結果、連合国の各国と日本の間では「平和条約」が次々と結ばれましたが、ソ連とだけは結べませんでした。１９５６年には「日ソ共同宣言」がなされ、カタチの上で国交は回復しましたが「平和条約」は成立していません。つまり**戦後75年以上が経過した今も、ロシアとの間の戦争は終わっていない**のです。

北方四島は日本の島です。「小さい島なんだからロシアにあげちゃえば？」などと言う人がいますが、それは絶対に違います。仮にそれを認めたら最後、次はもっと大きなものを求めてくることは明らかです。今回のウクライナがそれを示しています。

ロシアは北海道を奪いたい。隙あらば東北も、というのが本音でしょう。ガードが甘くなったり、日米同盟に陰りが見える瞬間を、虎視眈々と狙っているのです。

ロシアが北方領土を手放さない理由。米海軍の進出を防ぎたい

なぜ、ロシアは北方領土が欲しいのでしょう？　プロローグでも触れましたが、もう少し詳しく話します。

ロシアのカムチャツカ半島と北海道の間には、小さな島々が連なっています。北側にある島々が千島列島、南側にあるのが北方四島です。

この島々をすべて自分のものにすれば、オホーツク海に蓋をすることができます。封鎖の状態をつくりたいのです。なぜか？

それはアメリカを意識してのことです。

「オホーツクの蓋」は二つの意味をもっています。一つは、アメリカの進出を防ぐため。もう一つは、太平洋に出ていくためです。

択捉島や国後島を日本に渡せば、同盟国のアメリカが必ずやってきます。米軍の空母が北方四島の近くに陣取り、島の間を抜けて原子力潜水艦が入ってくる。ロシアに

とって、それは国家存続の危機。絶対に避けたいことなのです。

現代の戦争は、戦略原子力潜水艦が大きなカギを握ります。例えば、地上から核ミサイルを発射した場合、高熱が出るため、発射地はすぐに特定できます。そうなれば即座に報復のミサイルが飛んでくる。ところが原子力潜水艦から発射すれば、発射後移動するのでどこにいるか特定できません。そんな潜水艦が国の近海にいたら、不気味でしかたがないのです。

しかもカムチャツカ半島のペトロパブロフスク＝カムチャツキー港には、ロシアの潜水艦の基地もあり、最新鋭の原潜も控えています。オホーツク海を「戦略原潜の聖域化」とするためには米海軍を近づける訳にはいかないのです。

ロシアは、択捉島と国後島に軍事基地を構え「地対艦ミサイル」と「地対空ミサイル」を配備しています。海・空からの攻撃に備え、艦隊を撃つ用意をしている。そんな要所でもある**北方四島を、あの強欲なプーチンが簡単に明け渡すはずがない**のです。

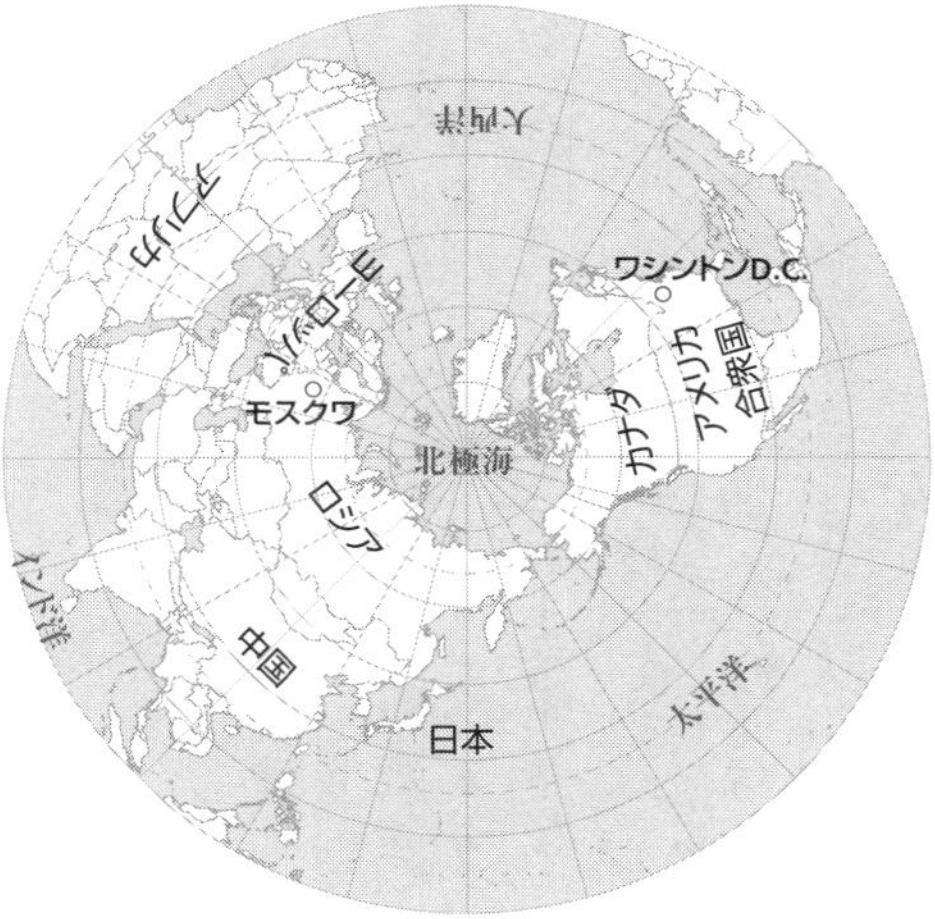

冬でも凍らない北方四島の海。太平洋に出てアメリカと戦いたい

ロシアがオホーツク海に蓋をしたい理由。その二つ目は、大きな海に自由に出たいからです。もちろん目的は、軍事です。上の地図は、地球を真上から見たものです。

あなたがロシアの指導者なら、アメリカをどう攻撃するでしょう？

「北極海越しにミサイルを撃ち込む」のが簡単そうですね。しかし、アメリカはそれを予測し防衛体制を固めています。途中で撃ち落とされる確率も高まります。そのため、北からだけではなくアメリカの西からも攻撃できる体制が必要です。それにはどうするか？

艦隊を率いてアメリカの近くに配備する。あるいは、潜水艦で隠れて近づく。長期間の潜航ができ、核兵器も積んだ原子力潜水艦を使って近づき威嚇《いかく》するのも有効でしょう。ワシントンＤＣや海軍基地のあるサンディエゴを狙えば、アメリカもたまらないはずです。

いずれにしても、オホーツク海から太平洋に出ていくには「玄関口」が必要です。その玄関口に当たるのが北方四島なのです。

「オホーツク海の蓋」はとても長く、自由に出入りができそうなのですが、実は、千島列島の海は、冬には凍ってしまいます。つまり、**自由に出入りできるのは北方四島の海だけ**なのです。こんな大事な島を、ロシアが返すはずがありません。

しかし一度だけ、返還されるチャンスがありました。ボリス・エリツィン大統領の時代（１９９１〜１９９９年）です。ロシアは当時ひどい経済不況だったため、日本からの経済支援と引き換えに「北方四島の返還」を考えたのです。その時に畳み込むような交渉をすればよかったのですが、ロシアの顔色を窺っているうちに日本経済は低迷。逆にロシアは天然資源で潤い、国力を回復させました。日本は好機を逸したのです。

北海道にはなぜ米軍の基地が置かれなかったのか？

米ソ冷戦――。第二次世界大戦後、世界はアメリカ合衆国を中心にした「資本主義・自由主義」の西側諸国と、ソ連を中心にした「共産主義・社会主義」の東側諸国の対立関係が生まれました。

「冷戦」は「直接は対決しない戦争」という意味で、それぞれが攻撃力をもつからこそ、互いに牽制《けんせい》し合う状態が続きました。

こうした中で、日本の各地に米軍の基地が置かれました（１０３ページ参照）。一

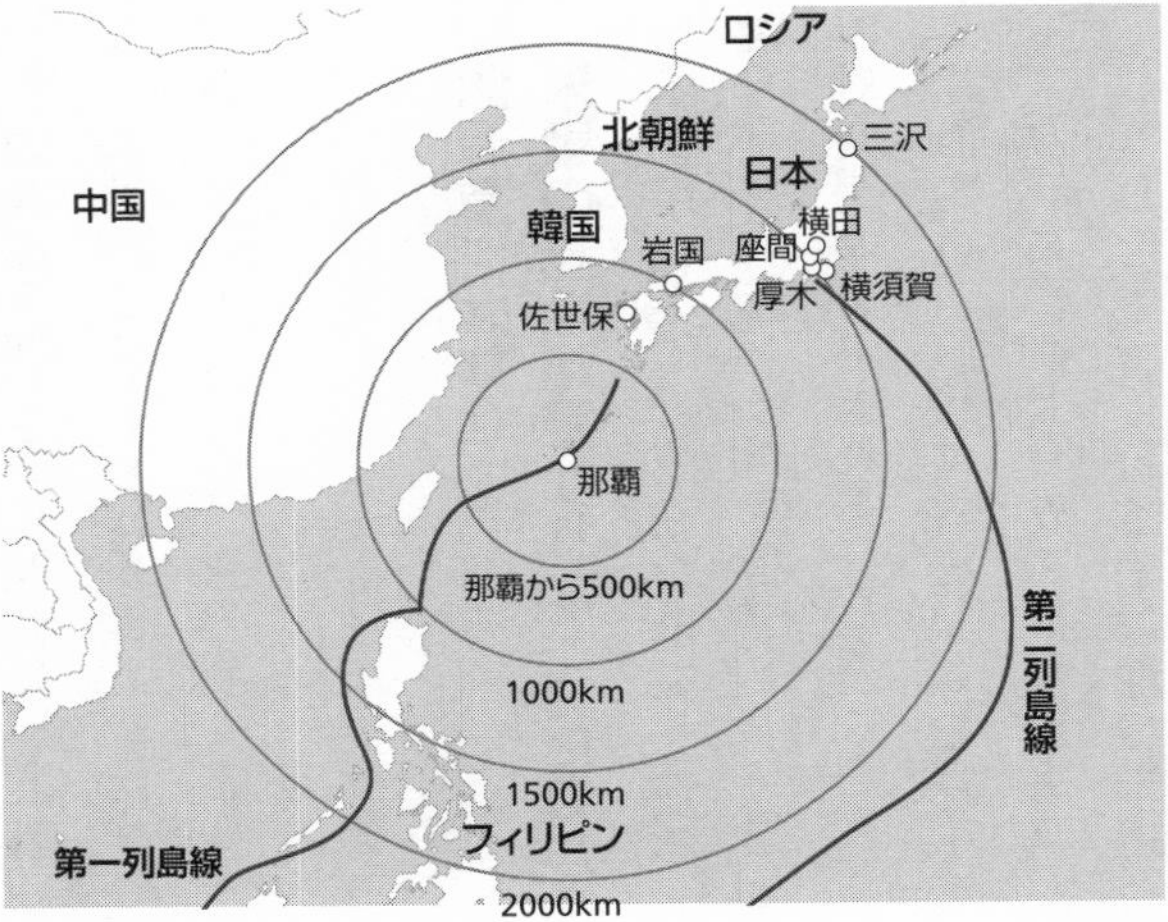

つ不思議なのは、北海道に米軍基地がないことです。ロシアを牽制するには、北海道に米軍基地は不可欠と思えます。なぜ、それをしなかったのか？

ひと言で言うと、ソ連との間合いを取るためです。

例えば、北海道に米軍基地を置き、ソ連軍と「顔と顔を突き合わせた状態」になったとしましょう。万が一、どちらかの手違いで「攻撃された」とみなされた場合、これに応じなければなりません。つまり「小さな勘違い」が発火点になり、第三次世界大戦に発展しかねない訳です。危険を回避するには、間合いが必要なのです。

今回、ウクライナの件で、アメリカのバイデン大統領は「軍事介入はしない」と明言しました。言うまでもなく、軍事介入すれば**ロシアと直接対決になってしまう**からです。それは他国をも巻き込んだ「第三次世界大戦」の開始を意味します。

世界中の誰もがそれを望みません。しかしその一方で、世界中の多くの地域で、今回のような侵攻が起こったり、小さな紛争が絶え間なく起きたりしているのです。

世界は、微妙なバランスの上に成り立っています。それぞれの国には、それぞれの事情があり、思惑がある。どこかがそれを剥《む》き出しにして暴走すれば、バランスは一気に崩れる。そんな危うい世界に、私たちは生きているのです。

北海道での日米共同訓練。ロシアが猛反発

2021年6～7月、北海道の矢《や》臼別《うすべつ》演習場で日米の共同訓練が行われました。そ

の名も「オリエント・シールド」（東洋の盾）。文字どおり、東洋の守りを強固にするための訓練です。ニュースとしては大きく取り上げられなかったので、知らない人も多いでしょうが、ロシアはこれに猛反発しました。

ちょっと専門的になりますが、訓練の内容を簡単に話します。「へえ、そんなことがあるんだ」と、リアルな現況を感じ取ってもらえたらと思います。

米陸軍が展開したのは「ハイマース」（ＨＩＭＡＲＳ）という高機動ロケット砲システム。輸送機で運べるように軽量化し、ここから戦術ミサイルが発射できます。「高機動」というのがミソ。「このシステムはどこにでも移動できて、どこからでもミサイルが撃てる」と訓練を通じて、内外に示した訳です。

いっぽう、陸上自衛隊が展開したのは「多連装ロケットシステム」です。

この訓練は、「10キロ離れた場所に敵部隊がいる」と想定して行われました。米軍のハイマースから戦術ミサイル「エイタクムス」が1発発射された後、陸上自衛隊の多連装ロケットシステムからは15分間で4発を発射。２０２１年6月29日の訓練では、米陸軍の「地対空誘導弾ペトリオット」（ＰＡＣ－３）も初めて展開されました。ペトリオットは相手が撃ってきたミサイルを地上から撃ち落とすシステムです。

なぜ、こんな訓練をするのか？　言うまでもなく、敵の攻撃に備えるためです。

後で話しますが、中国が台湾を獲りに行く際には、沖縄も攻撃される可能性が高まります。その時には、**ハイマースのような高機動ロケット砲や多連装ロケットシステム**、あるいは陸からミサイルを撃ち落とすシステムが必要なのです。

ロシアや北朝鮮からの攻撃も、いつ始まるかわかりません。

訓練は「その日に備える」だけではありません。「力がある」と見せつけることは、相手の暴走、暴挙を牽制することにもなるのです。

ロシアが日本に侵攻する日。どこから来る、国民はどうする？

ロシアがウクライナに侵攻した２週間後、日本の報道各社は「北方領土でミサイル演習」と報じました（２０２２年3月11日）。北方領土と千島列島で、地対空ミサイルの発射演習が行われたというのです。ちなみに、地対空ミサイルとは「空からの攻撃に対する」「地上設置の迎撃ミサイル」のことです。

さらにその3週間後には「ロシアは国後島、択捉島で１０００人以上の規模で軍事演習を行った」というニュースもありました（２０２２年４月２日）。

時期が時期だけに、不安を募らせた人は少なくないでしょう。いずれにせよ、ロシアは非難の行動に出た日本に対し、威嚇をしている訳です。

でも、今はこうした威嚇が精一杯だと思います。もちろん一瞬の油断も見せてはなりませんが、**ウクライナで苦戦が続き、日本に侵攻するほどの体力は残っていないと**思われます。

とはいえ、もしも攻めてくるなら、どこから上陸するか？

私は、北海道北部から侵攻してくると考えています。

その際の上陸地点は次の三か所と思われます。

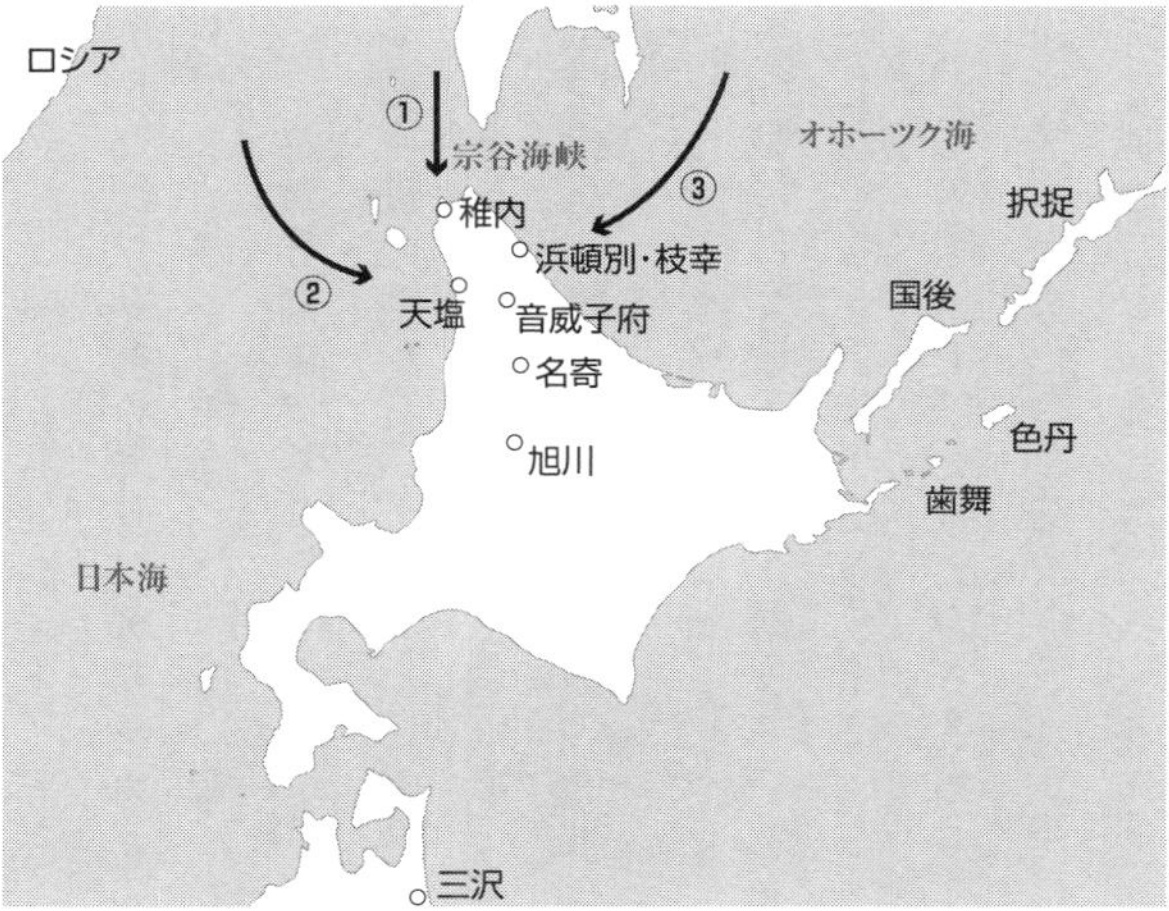

①宗谷海峡を通り「稚内《わっかない》」から。
②日本海を通り「天塩《てしお》」から。
③オホーツク海を通り「浜頓別《はまとんべつ》」か「枝《え》幸《さし》」から。

これは防衛省でも、かなり前から想定されているルートです。

今回のウクライナ侵攻では、極東部隊（東部軍管区）がベラルーシに移動し、そこからキーウに入っていきました。ブチャでは虐殺も行ったこの〝悪名高き〟極東部隊が、日本（北海道）侵攻の主力になることは間違いありません。

稚内、天塩、浜頓別（もしくは枝幸）の3地点から上陸し、道路沿いに南下してきた時、敵の部隊が集中する場所があります。3方向（枝幸を入れると4方向）からの道が、Yの字で集まった隘路《あいろ》になっている。その場所が「音威子府《おといねっぷ》」です。

この場所でロシア軍を待ち伏せするのが、陸上自衛隊の第2師団です。旭川駐屯地や名寄《なよろ》駐屯地からの部隊が、この地で迎え撃つ。

こうして敵を足止めしておいて、本州からの部隊や、米軍の応援を待つ。これが冷戦時代から練られていた日本の作戦なのです。

冷戦後はソ連の脅威が薄まり、北海道の部隊は削減されてしまっています。しかし陸上戦では、やはりこの展開になるのではないか、と私は思っています。

現代の戦争では、戦い方も変わっている。それでも何が起こるかわからないのが戦争です。事実、今回のウクライナでは、ロシアは「19世紀なのか」と思うような、ヘタな戦い方をしました。

ある日突然、**稚内にロシアの戦車が入ってきた**、ということも十分にあり得る。そして、実際に戦争が始まれば、兵士が民間人に銃を向けることが、今回は図らずも証明されてしまいました。

戦場の恐怖を骨の髄まで感じた政治家として、私はあえて言わなければなりません。こういう時だからこそ、本当は自衛隊もオホーツク海で訓練をやればいい。オホーツク海の公海上なら訓練しても許されます。ところが海上自衛隊も、今まで訓練したことはありません。

なぜなら、北方領土交渉があったからです。ロシアを刺激しないように、ずっと気をつかってきた訳です。しかし今回のウクライナの問題で、岸田首相も腹をくくり「北方領土は日本固有の領土だ。ロシアによって不法占拠されている」と明言したのです。

ロシアの腹づもり。
北方領土を返すつもりはない

北方四島に関しては、少し前まで「二島返還」という案をよく耳にしました。四つの島のうち二つが返るので「ゼロより断然いい」と思われがちですが、それはトリックでしかありません。そもそも北方四島は日本の領土だからです。二島を返すという物わかりのいい態度を見せても、実際は二島を奪ったままなのです。

しかも、ロシアが返そうとしたのは歯舞群島と色丹島。面積の小さな二島です。大きな択捉島と国後島は返そうとしません。その二島には軍事基地も造っているからです。そんな要所を、簡単に返すはずがありません。

実はロシアは、かつて苦い経験をしています。１８６７年、**広大なアラスカをアメリカに安価で譲ってしまった**のです。同じ失敗は二度としないと心に決めていることでしょう。

北方領土を返還しないのは、軍事的な理由からだけではありません。あの場所には

豊かな海洋資源がある。地熱やレアアースなど、未開の資源が眠っている可能性が大いにあるのです。そんな黄金の土地を、簡単に手放す訳がありません。

もう一つ、ロシアの為政者のDNAと呼ぶべきものも知っておくといいでしょう。

そもそもなぜ、ロシアがあれほど広大な土地をもつのか？　それは長い歴史による結果です。覇権主義によって領土を拡大してきたからです。

ここでは話しませんが、そうした志向を歴代の最高指導者がもち続けてきた。プーチン大統領には色濃くそれが残っていると言えます。長年トップの座に君臨し、不動の地位を得る中で、少しずつ何かを錯覚したのかもしれません。

ウクライナは「自分のもの」と思い込んでいるのでしょう。それはウクライナが、かつてはソビエト連邦の構成国だったからです。ソ連の崩壊後、独立を果たしましたが、プーチン大統領は「自分の土地を取り戻して、何が悪い」と思っている訳です。

もちろんとんでもない理屈ですが、そのような指導者ですから、北方四島を返すつもりがないのも当然なのです。

ロシアに対する備え。
今、国民一人ひとりが考えるべきこと

本章の初めに、日本に一番近い国はロシアだと話しました。どんな国であれ、隣国ですから、対話が重要なことは言うまでもありません。つまり、外交です。

私は２０１７年８月から２０１９年９月まで、外務副大臣を務めていました。そして現在、自民党外交部会長の立場にありますが、外交部会長という役職も、異例ですが２年続けてやらせてもらっています。

外交とは、粘り強い交渉だと思っています。国の代表として交渉に臨むわけですから相当なタフさが必要です。交渉の内容をお話しすることはできませんが、毅《き》然《ぜん》とした態度で、現実を見据えながら、日本の立場を主張していかなければなりません。そのためには十分な備えが必要です。備えという部分があって、初めて外交力が発揮できるのです。

今やロシアに対する備えは、ギアを一段上げなければなりません。おそらく北海道

の方々は心配でしょう。ロシアの陸軍は、**ウクライナでの戦いの長期化でかなり損耗するため、北海道上陸侵攻の可能性は低い**と言えます。ですが海軍、空軍が残っている以上は、備えを欠いてはなりません。備えなしに国は守れないということを、私たちは今回実感しました。

　ロシアはやはり、私たちとは考えが違う国なのです。そういう国が隣にある。だからこそ「いつ戦争が起きてもおかしくない」という思考で備えないといけないのだと私は思っています。

　ウクライナの二の舞になってはいけない。悲惨な思いを日本国民には、絶対にさせてはいけないのです。

　かつて私は、シリアやイラクに隊員を率いていきました。みなさんにも家族がいるように、隊員にも家族がいる。その後ろには国民がいる。国民全員の命を守る必要があります。

　命を守ることが、隊長としての私の使命でした。それは政治家になった今でも、何ら変わっていません。

今回のウクライナを、対岸の火事だと思っては絶対にいけない。本来は冷静に話さなければならないのに、外交部会長として、今回私は1回だけキレてしまいました。外務省の幹部が、こんな発言をしたからです。

「ウクライナの問題はヨーロッパの問題ですから」と。

まったく事態がわかっていないのです。怒りさえ覚えてしまいました。そんなことで日本を、国民を守れるのかと。有事になれば、犠牲になるのは国民なのです。私たち政治家や官僚はそうならないよう、万全の備えをしなければなりません。国民を守るために、**命をかけ、体を張って外交をしなければならない**のです。

みなさんがすべきことは何か？

決して、ロシアを憎むことではありません。ロシアがどういう国であるかを知る。北方四島がなぜロシアに占拠されているかを知ることです。そして、友達や家族にそれを伝えることだと思います。それだけでも大きな前進になると、私は思っています。

第三章　北朝鮮のミサイルは東京を焦土にするか？

相次ぐミサイル発射。北朝鮮の本当の狙いは何か？

２０２２年に入り、北朝鮮がミサイルを発射する回数が激増しています。確認されているだけでも６月上旬までに17回26発。過去３年と比べても、突出して多いことがわかります（２０１９年は13回、２０２０年は４回、２０２１年は４回）。しかもロシア軍のウクライナ侵攻後には４か月で11回。不安になった人も多いでしょう。

その意図は？　一番はミサイルの精度を高めることです。２０２１年、金正恩《キムジョンウン》総書記は「国防５か年計画」を発表し、軍事力の強化を打ち出しました。ミサイルは実際に発射実験をして、トライ&エラーをくり返すことで、命中精度を高めていきます。

しかし今、発射実験の回数が増えている背景には、技術の向上以上に「政治的な思惑がある」と、私は見ています。その一つは「ロシアとの連携を示す」です。

もう70年以上も前になりますが、朝鮮戦争の際に後ろ盾になってくれたのはソ連でした。言わば「建国の恩人」なのです。言葉は悪いのですが「やくざの親分と子分」のような関係で、「親分が戦うなら俺も」と〝忠誠〟を示したのです。

北朝鮮のミサイルにはロシアの技術が取り入れられています。このため、日本やアメリカは、北朝鮮のミサイル発射に対し、ロシアに制裁を加えるのです。

「世界の目がウクライナに向いている隙に撃ってしまおう」という考えもあったかもしれません。しかし**北朝鮮の本当の狙いは、アメリカの関心を引くこと**です。

なぜか？　アメリカを交渉の場に引きずり出そうとしているのです。

北朝鮮は、アメリカから多数の制裁を加えられています。緩和してもらいたいのに交渉はストップしたままという状態です。交渉の場を設けなければ、制裁は解かれない。そこでミサイルを発射して暴れまわり、アメリカを挑発している訳です。

デタラメとしか言いようがない、幼稚さです。しかし金正恩総書記としては、国民の手前、頭を下げて「交渉再開」をお願いすることはできない。威張りながらアメリカを交渉の席に着かせるには、これしか方法がないのです。「泣く子と地頭には勝てぬ」作戦でしょうか？

北朝鮮の核武装。
体制を維持するには核にも頼る

北朝鮮はすでに核兵器の実験にも成功しています。そして「攻撃対象はアメリカ、韓国、日本だ」と法律でも定めています。恐ろしくないですか？

平和な日本で暮らす私たちには、ピンときません。しかしこれは、金正恩総書記が「発射」のスイッチを押せば、約10分後には核爆弾が飛んでくるということです。私たちは今この瞬間にも、命の危機に晒《さら》されていると言えるのです。

世界で唯一の核被爆国である日本では、「核」の話は敬遠されがちです。「核放棄」を雄弁に語る人はいても、「核保有」については言葉を濁す。他国の核兵器についても同様です。しかし本当は、その痛みを知るからこそ、目を背《そむ》けてはならないのです。

北朝鮮、ロシア、中国。日本を狙う三つの国が核武装している事実を、どう考えますか？　核兵器の保有数は、ロシアはアメリカを凌ぐ多さです。中国は未公表なのでその数はわからない。でも２０３０年には、約１０００発を保有すると見られています。

　これが、日本を取り巻く国際情勢の現実なのです。

　北朝鮮は、朝鮮戦争の直後から早くも、核兵器の開発に取り組んできました。もちろん裕福な国ではありません。国民を飢え死にさせて核開発とは。最初は中国も止めましたが、ソ連の協力を得ながら開発を続けました。今では中国も何も言いません。やりたい放題なのです。

　金正恩総書記は北朝鮮の第３代最高指導者ですが、核兵器の保有は、祖父（初代・金日成《キムイルソン》）や父（２代・金正日《キムジョンイル》）の代からの念願でした。

　なぜ、**国民に貧しい生活を強いてまで核兵器の開発を続けた**のか？

　やはりアメリカを意識してのことでしょう。いわゆる「抑止力」です。

　北朝鮮は独裁国家です。国内では〝独裁〟は通じますが、海外では通用しません。

イラクやリビアがそうであったように、核をもたない独裁国家は、最終的にはアメリカに倒されてしまう。つまり、自分たちの独裁体制を維持するには核を保有し「いつでも反撃できる」ことを示す必要があると考えたのです。

北朝鮮の弾道ミサイル。本当に当たる？　ただの脅しでは？

先日、私は知人から次の質問を受けました。

「北朝鮮がミサイルを撃ってきますけど、あんな貧しい国で、高度な技術はあるんですか？　単なる〝こけおどし〟ですよね？　どうせ当たらないでしょ？」と。

私はこう答えました。

「こけおどしではありませんよ。残念ながら技術は相当高い。当たらなきゃいいんだけど、当たっちゃう。だからミサイル防衛はしっかりやらないといけないんです」

日本もアメリカも「ミサイル防衛」には最大限の努力をしています。しかし万全とは言えません。「防衛するだけ」には限界があるからです。
後で話しますが、1発の弾道ミサイルなら撃ち落とせるでしょう。しかし同時に５発６発きたら、パーフェクトに撃ち落とすのはかなり難しい。すでに**日本を射程に入れた１５０発以上が、いつどこに飛んでくるのか**は、わからないのです。

　２０１６年９月５日。北海道の奥尻島沖に３発の短距離弾道ミサイル「スカッドＥＲ」が落下しました。その正確性は衝撃的でした。これを機に、政府の認識も変わりました。防衛省の評価は「ほぼ同じ地点に落ちた」というものだったからです。推定飛行距離はおよそ１０００キロ。東京から鹿児島県までの距離です。その距離を飛ばし、同じ地点に落とす技術を獲得しました。その瞬間から北朝鮮製のスカッドやノドンは、「差し迫った脅威」になったのです。

　奇《く》しくもこの日、中国の杭州ではG20（20か国・地域）の首脳会議が開催されていました。北朝鮮の平壌《ピョンヤン》から杭州までは１１００キロほど。首脳会議の会場は射程圏内なのです。北朝鮮の真意はわかりませんが「その場にぶち込めるぞ」という脅しにも取れます。

北朝鮮は巡航ミサイル（飛行機のような翼をもって飛ぶ）や、大陸間弾道ミサイル（ICBM／1万キロの長距離を射程にする）、さらには「低軌道・変則軌道」の短距離ミサイルなどを開発し、飛翔実験を次々と成功させています。

「どうせ当たらない」などと侮ることは、到底できないのです。

北朝鮮の最終目的とは。
なぜ核やミサイルの技術をもてたのか？

北朝鮮は、なぜ短期間で、高い技術力を獲得できたのでしょう？

「気合いが違うのだ」と私は思っています。根性論なんて古臭いと思うかもしれませんが、技術の進歩には気合いは欠かせません。

明治の日本を思い出してみましょう。江戸の世では刀を差し、ちょんまげを結っていた人々が、わずか30年で大きな艦船を造り、清《しん》やロシアに勝った。その気になればできる訳です。

北朝鮮の科学技術者は命がけです。コンピューターのエリート教育を施される子どももいる。徹底的なスパルタ教育がなされ、優秀な科学者が育っていくのです。そして、彼らの頭脳は兵器開発だけでなく、暗号資産（仮想通貨）やサイバー空間でお金を掠《かす》め取るようなことにまで使われていく。貧しい国と侮ってはいけないのです。

その背景にあるのは、やはり焦りです。一刻も早く窮状から脱し、**金《キム》家による支配体制を不動のもの**にする。これが真の目的です。

そのためには、国民に向けて自分の力を誇示し続けなければなりません。アメリカや西側諸国にも一目置いてもらいたい。韓国や日本より優位に立たなければ、誰も認めてくれません。それには通常兵器ではない核ミサイル技術を磨くのが一番なのです。

核兵器を保有し、それを敵地に正確に到達させるための技術が、一刻も早く必要だったのです。ゆえに彼らは、不正な手段で外貨を獲得し、国民に貧しい生活を強いてまでミサイル開発に注ぎ込むのです。

そもそも、北朝鮮は日本に対しては「併合された恨み」があり、いい感情は抱いていません。加えて日本には在日米軍もいます。

金体制を磐石にし、世界と肩を並べるために核兵器を保有し、それを世界に示すためにミサイル実験をくり返す。その一番の標的になるのが、米軍が駐留する日本です。

この事実を決して軽く考えてはいけません。

抑止力とは何か。力をもたなければ相手は抑えられない

抑止力とはなんでしょう？　改めてその意味を考えてみたいと思います。

北朝鮮、ロシア、中国。この3国が、核ミサイルを日本に向けて発射したらどうなるか。詳しい「防空システム」は後でお話ししますが、どこに来るかわからないミサイルに対し「確実に撃ち落とすシステム」は存在しません。迎撃ミサイルが届かない範囲に撃たれたら、それまでです。何発も飛んできたら撃ち損じる確率も高い。低い

軌道で飛んできたら発見できない。直前で軌道を変えられたら、正直お手上げです。
国防の現状は、かくも脆弱《ぜいじゃく》なのです。

日本は「専守防衛」を基本方針としています。読んで字のごとく「守りに専念した防衛」です。つまり無条件で「反撃してはいけない」ということになっています。飛んできたミサイルを次々と撃ち落としてもいいが、日本からはミサイルを撃ち返すには制約がある。敵のミサイル発射基地に撃ち返さなければ、敵は怖くないので2発目3発目が飛んできます。それなのにわが方は、領域内で撃ち落とすだけ。飛んできたミサイルを確実に防げればいいのですが、１００％は不可能なのです。

北朝鮮・ロシア・中国は、**防ぐけれど攻撃はしない相手**を怖いと思うでしょうか？おそらくまったく怖くない。背後のアメリカが怖いから、世界を敵に回すのが怖いから、やらないだけです。

つまり今の日本には、相手の暴力を自分で「抑止する力」は、ないのです。

乱暴な譬《たと》えになりますが、体の大きな格闘家と私が並んで街を歩いていたら、チンピラにぶつかった。「痛いじゃねえか、この野郎」とチンピラは殴り掛かってきます。チンピラが殴るのは、私と格闘家のどちらでしょう？　間違いなく私です。「あいつに手を出したら逆にやられてしまう」と思うから、格闘家には手を出さない。

これが抑止力です。反撃の力が強いから暴力を抑止できるのです。

日本は「反撃力」をすべてアメリカに頼っています。本当にそれでいいのでしょうか？

「日本にも反撃力が必要」という昨今の議論は、こういう話をしているのです。

北朝鮮のミサイルが、日本の本土を焼き払う。そんな悪夢はあり得るのか？

意外に思うでしょうが、日本政府には、北朝鮮に対する省庁横断的な専任部署がありません。大きな危険をはらむ国がすぐそこにあるのに、なおざりです。同じく北朝鮮にとっても、外交的な重要度としては、日本はそれほど高くなく、5番目です。

北朝鮮の優先順位1位は、もちろん中国。中国との関係を強固に保ち続けることが、外交面での最重要事項なのです。

2位はアメリカです。アメリカや西側諸国と対等につき合いたい。経済制裁も解いてほしい。そのために虚勢を張り、暴れている訳です。

3位はロシアです。何といっても建国以来の親分ですから。

そして4位は、今も戦争状態にある韓国。5位が日本、という位置づけです。

北朝鮮から見れば、日本は「かつて占領された憎き国」ですが、今は「韓国の先でのほほんと寝ている金持ちの国」といった感じでしょうか。国民を拉致しても奪還しに来ない。ミサイルを撃っても言葉で抗議してくるだけ。日本国憲法で反撃できないことを逆手に取っているのでしょうが、要は**日本をみくびり、甘く見ている**のです。

では、北朝鮮が日本にミサイルを撃ち込むことはないのか？

答えは「十分にあり得る」です。

なぜか？　日本はアメリカの同盟国だからです。北朝鮮にとって、日本はアメリカの一部なのです。事実、日本には米軍の基地も司令部もあります。

もちろん私たちには「アメリカの一部」という意識はありません。しかし基地があれば、そこを叩くのは戦争の基本です。北朝鮮が日本に向けて弾道ミサイルを撃つのは、アメリカを挑発するだけでなく、実戦的な意味もあるのです。

ところで、そもそもなぜアメリカは日本に基地を置くのでしょう？　同じく韓国にも基地を置くのはなぜか？　次項では、歴史や地政学的な観点から、その理由を解説します。次ページの地図を見ると、よりはっきり理解できると思います。

今この瞬間にも、日本は射程内。150〜200発が狙っている

日本と韓国の奥にはどこがありますか？　北朝鮮、中国、ロシア。共産主義の国々です。

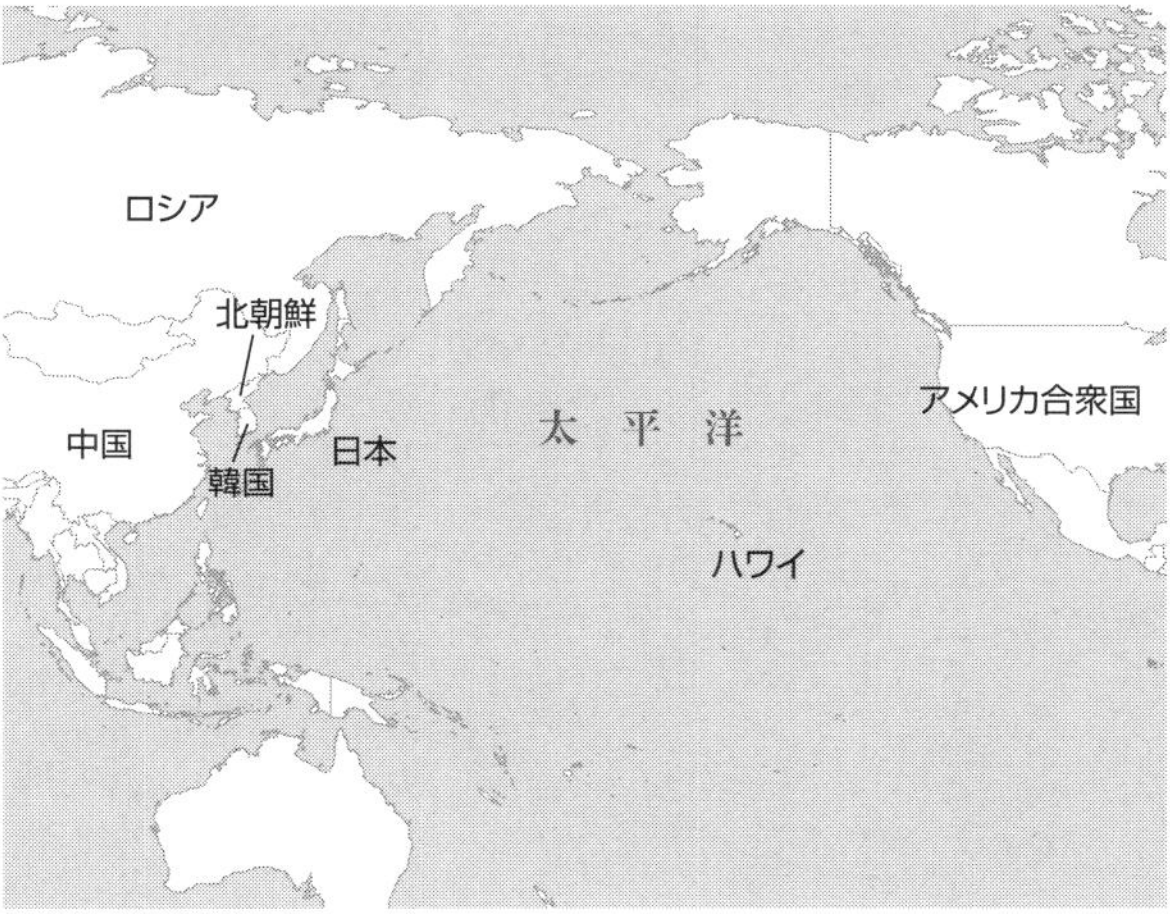

これらの国々と対峙するために、アメリカは日本と韓国に軍隊を置きたいのです。「在日米軍」と「在韓米軍」は、それぞれ違う役割をもっています。実はこの二つは「併せて一つ」のユニットなのです。

在韓米軍は「陸軍」が主体です。簡単に輸送できない重い戦車などを戦闘部隊に配置しており、朝鮮戦争を想定した場合、韓国がその最前線になります。

戦争には、**人員や兵器、食糧の補給や整備などを担う兵站部隊**が欠かせません。戦闘力の維持や作戦支援になくてはならない重要部門で、アメリカは兵站を日本に置いています。キャンプ座間や相模原総合補給廠（神奈川県）などがそうです。アメリカは、自由に航行できる太平洋に海軍を配備しています。中でも特に重要なのは、大陸に蓋をしている格好の日本です。そこでアメリカは日本の近くに主力の第七艦隊を置き、その海軍基地は横須賀（神奈川県）や佐世保（長崎県）にあります。

日本には、アメリカの空軍や海兵隊も配置されています。

三沢基地（青森県）や嘉手納《かでな》基地（沖縄県）、岩国基地（山口県）、横田基地（東京都）、厚木基地（神奈川県）などです。地図を見ればよくわかります。三沢からは北海道やロシアの極東方面に飛べます。嘉手納からは中国や台湾方面に飛べます。岩国からは韓国や北朝鮮。横田からはどこにでも飛べるし、各地の中継地点にもなります。

海兵隊の特性は、ファストイン・ファストアウト。緊急時には真っ先に現地に飛び、役目を終えたらさっさと去ることです。第一線の**韓国には部隊は駐留せず、すべて日本**です。空軍は３分の２が日本にあり、残りの３分の１が韓国にあります。

このようにアメリカの陸軍、海軍、空軍、海兵隊は、それぞれ違う役割を担《にな》いなが

在日米軍の主要な編成・装備（沖縄県を除く）

沖縄県内在日米軍の主要な編成・装備

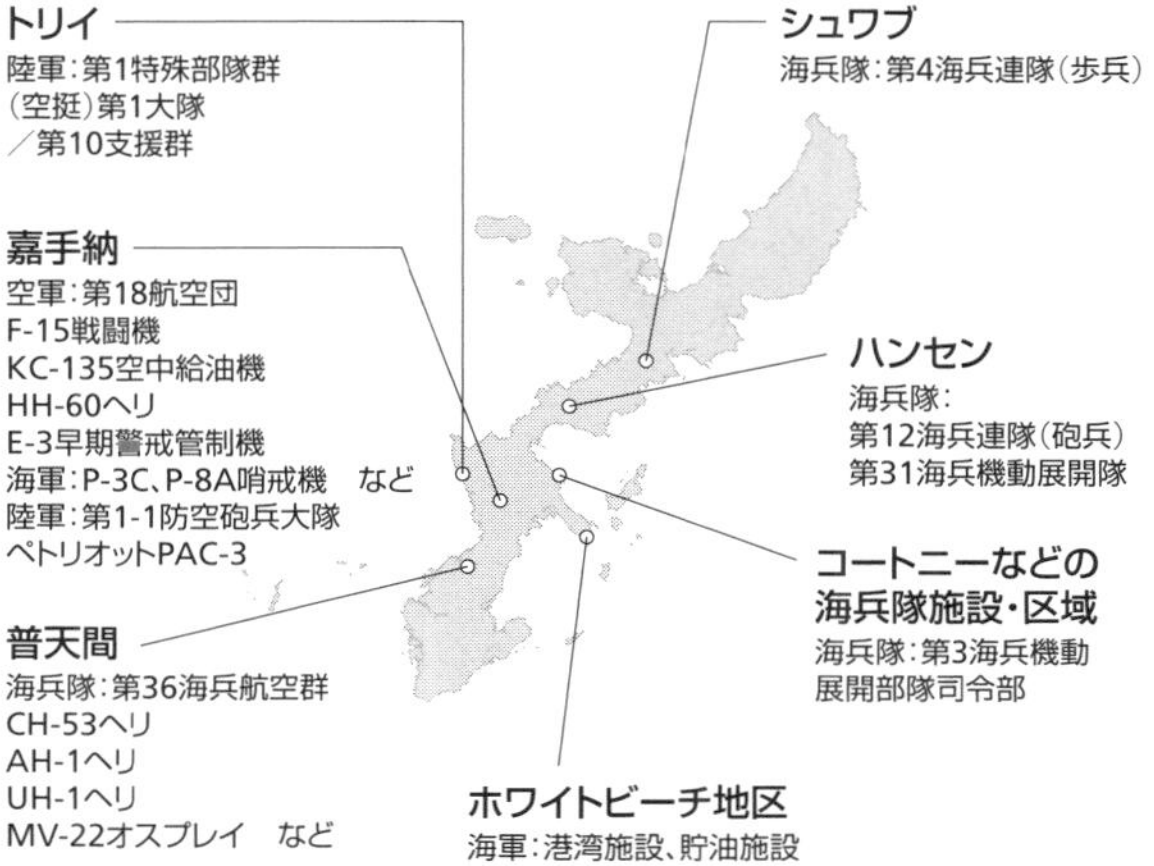

ら、日本と韓国にうまく配備されています。

北朝鮮から見たら、アメリカの前線基地が、韓国と日本に置かれている。面白いはずがありません。海で隔てられているとはいえ「日本は韓国と一体の戦域」であり、「確実に叩くべき場所」なのです。

認めたくありませんが、**北朝鮮のミサイル技術と精度は高まるばかり**です。

今この瞬間にも１５０〜２００発のミサイルが日本を射程に入れ、発射態勢にあるのです。

なぜ韓国に米軍が置かれたのか？ そこから見えてくる脅威

少しだけ歴史を振り返ってみましょう。次ページの地図は、先ほども述べましたが、日本を上下ひっくり返して見た「逆さ地図」です。

日本を境にして、太平洋側はアメリカの勢力圏。つまり西側陣営です。反対の大陸

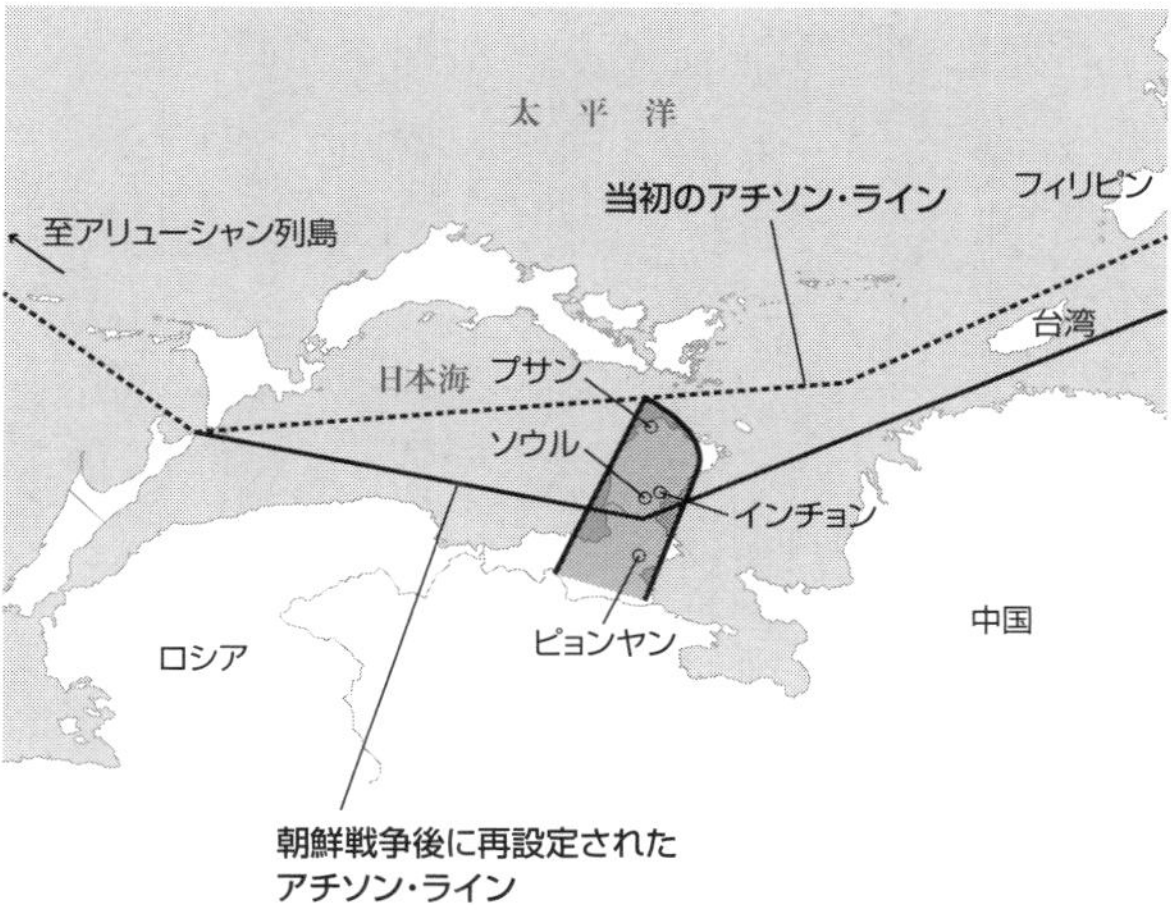

側には、ロシア、中国、北朝鮮などの東側陣営がいます。

　大陸から、日本に突き出しているのが朝鮮半島。まるで「刀の切っ先」のように見えますね。

　ロシアや中国からすれば、日本列島は蓋。太平洋への進出を邪魔する存在でもありますが、アメリカから自国を守ってくれる盾にもなるわけです。東シナ海、日本海、オホーツク海も含めて、防波堤になってくれるからです。ロシアや中国が日本を欲しがる理由は、この地図を見れば一目瞭然でしょう。

アメリカから見ても、日本の重要性は明らかです。日本列島は、大陸側の中国やロシアと睨《にら》み合う際の最前線であり、絶対に必要な最重要地なのです。

１９５０年、アメリカはそれを世界に向けて明言しました。当時の国務長官ディーン・アチソンが「アメリカが責任をもつ防衛ライン」として示したのが、フィリピン―沖縄―日本、アリューシャン列島の地域でした（前ページの地図を参照）。

いわゆる「アチソン・ライン」と呼ばれるもので、アメリカは「この地域や国に対する軍事侵攻があれば断固として反撃する」と宣言したのです。

アチソン演説を、自分に都合よく解釈したのが北朝鮮でした。

「そうか。それなら韓国を攻めてもアメリカは反撃してこないだろう」と考えたのです。

そして、アチソン演説から半年後の１９５０年6月。北朝鮮軍は38度線を越えて韓国に侵攻し、朝鮮戦争が勃発したのです。

ソ連の支援を得た北朝鮮軍は、早々にソウルを占領し、ぐんぐん前進します。韓国軍は押されながら、政府を釜山《プサン》に移しました。

アメリカとしては、朝鮮半島を北朝鮮に取られる訳にはいきません。米海兵隊を主力とする国連軍は奇襲的に仁川《インチョン》に上陸し、ソウルを奪還したのです。

背後を突かれる形となった北朝鮮軍は、じわじわと38度線まで戻されていきます。

北朝鮮軍には中国軍も加わりました。ソ連は武器や弾薬を支援します。いっぽうの国連軍にはイギリス、フランス、オランダなど西側16か国が加わりました。

韓国のほぼ全土で、**東側諸国と西側諸国の戦い**がくり広げられました。結果は、莫大な犠牲を出しながらも決着がつかず、ソ連の提案により「休戦」となったのです。

この朝鮮戦争を経て、アメリカは「アチソン・ライン」を38度線まで押し上げて、再設定することになりました（105ページの地図を参照）。

「フィリピン―台湾―韓国―日本―アリューシャン列島」がアメリカの新たな防衛ラインとなり、韓国がその最前線になったのです。

朝鮮半島の二面性。刀にもなれば守りにもなる

第二次世界大戦後、アメリカは、日本にだけ基地を置いていました。しかし、朝鮮戦争が始まったことにより、在日米軍の一部を朝鮮半島に派遣しました。そしてそのまま韓国に残ったのが「在韓米軍」です。

朝鮮戦争は1953年に「休戦協定」が成立し、今も休戦状態が続いています。つまり、韓国と北朝鮮の間では、明らかな戦闘がなくても「戦争状態」なのです。このため**米軍は今も韓国に残り続けている**訳です。

韓国の人から、私は以前こんなことを言われました。

「俺たちのおかげで、お前たちは守られているのだ」と。

どういうことか？　韓国が米軍の最前線になったおかげで、日本は中国やロシアからの直接の脅威に晒されずに済んでいる、ということなのでしょう。

確かに、朝鮮半島が北朝鮮に支配されていたら、日本人は今のように安穏に暮らせ

なかったでしょう。朝鮮半島という刀の切っ先を、脇腹に当てられた状態になるからです。

「朝鮮半島」とは、よく考えると面白い言葉です。半分は海、半分は大陸なのです。

その言葉が示すように、韓国は左派政権が誕生すると大陸国家の北朝鮮・中国寄りになります。前回の文在寅《ムンジェイン》政権がそうでしたね。反対に、保守政権になると海洋国家の日本・アメリカ寄りになります。２０２２年5月に誕生した尹錫悦《ユンソンニョル》政権がそうです。政権が変わる度に、日本に向けた刀の先が尖ったり、丸くなったりするのです。

ちなみに、アメリカはなぜ、海軍や海兵隊を日本に置いたのか？

それは朝鮮半島に置いたら、動きを察知されてしまうからです。また、狭い海に留められたら、自由に動けなくなります。大陸側に悟られぬよう距離を置きながら、太平洋での安全を確保しているのです。「近すぎず遠すぎず」がポイントです。

ミサイルは防御できない!?
マッハ5以上で飛ぶ極超音速ミサイル

２０２２年5月25日、アメリカのバイデン大統領の搭乗する飛行機がアラスカの領域に入った後、北朝鮮は3発の弾道ミサイルを発射しました。この前日までバイデン大統領は、韓国と日本で立て続けに首脳会談を行い、さらには「ＱＵＡＤ《クアッド》」（日本、アメリカ、オーストラリア、インドの連携）の首脳会合を終えたばかりです。明らかに意図があってのことでしょう。

北朝鮮は、アメリカ全土に届く飛距離のミサイルを手に入れました。とはいえ、アメリカと戦っても勝てないことは、彼らも承知しています。だからこそ武器をちらつかせながら駆け引きをしているのです。

日本では、飛翔体が確認される度に「ニュース速報」が流れます。心配なのは「また実験でしょ」と慣れてしまうことです。イソップ寓話の「狼少年」になってはいけません。危機感を共有するためにも、少しミサイルの話をしてみます。

北朝鮮のミサイルは、大別すると、次のようなものがあります。

【弾道ミサイル】ロケットエンジンで大気圏外まで上がり、最高点に達すると、その先は慣性で落ちていく。目標までの山なりの弾道は計算によって導き出されている。このため「迎撃しやすい」と思われがちですが、マッハ８〜９（時速１万キロほど）で飛ぶ物体に、迎撃ミサイルを正確に当てるのは容易ではありません。例えば、ピストルの弾にピストルの弾を当てるようなものです。

【巡航ミサイル】翼を持ちながら**ジェットエンジンで飛ぶ無人飛行機のようなミサイル**です。速度的には劣りますが、長時間の飛翔が可能。しかも相手が察知しにくい低空を飛べる上、地形や迎撃システムに合わせて針路を変えることもできます。

【極超音速ミサイル】マッハ５（時速約６１７０キロ）以上で飛翔するミサイル。前述のような「巡航型」と「滑空型」があります。大気圏外から山なりで落下してくる「弾道ミサイル」と違い、滑空型は大気圏内を高速で滑るように飛翔し、しかも旋回能力もある。これを完全に迎撃する手段は、現在のところありません。ちなみに、北朝鮮では実験段階とされていますが、ロシアや中国ではすでに実戦配備をされています。

北朝鮮は「低軌道・変則軌道」のミサイルも開発しています。地球は丸く、水平線の向こうは見えません。このため低空で飛ばれると、見つけにくいのです。もちろん衛星では監視していますが、イージス艦のレーダーなどで捉えるのは難しい。低く近づいてきて、直前になって確認できても、対応できる時間は限定されます。

今回**ウクライナでは、ロシアの低空型の短距離弾道ミサイルが使われました**が、北朝鮮はそれをさらに改良した「軌道を変える」新型も開発しました。

もちろん、自衛隊も、在日米軍や在韓米軍も、ただ指をくわえて見ている訳ではありません。新たな技術や対応策を日々試行錯誤していますが、「備えればその上を行く」という〝いたちごっこ状態〟が続いているのです。

日本のミサイル防衛は二段構え。PAC-3、イージス艦の実力は？

自衛隊は、弾道ミサイルに対して「二段構え」の備えをしています。

例えば、弾道ミサイルが大気圏外の高度約５００キロまで上昇。その頂点に近いところを目がけて、海上自衛隊のイージス艦から、迎撃ミサイル「ＳＭ３」が発射される。これが第一段階です。

撃ち損じた場合は第二段階が発動されます。ミサイルが頂点から目標に向けて下降し、大気圏内に再突入する過程で、地上に配備したミサイル迎撃システム「ＰＡＣ－３」によって迎撃するのです。ＰＡＣ－３の射程圏内は半径二十数キロほどと言われています。こちらが配備した場所に飛んできてくれればいいのですが、そうとは限りません。また、数発同時、あるいは低軌道で飛んできた場合には撃ち損じの確率が高くなります。変則軌道で飛ばれたら、正直お手上げです。

北朝鮮の変則軌道ミサイルは、ロシアの「イスカンデル」を改良したものです。

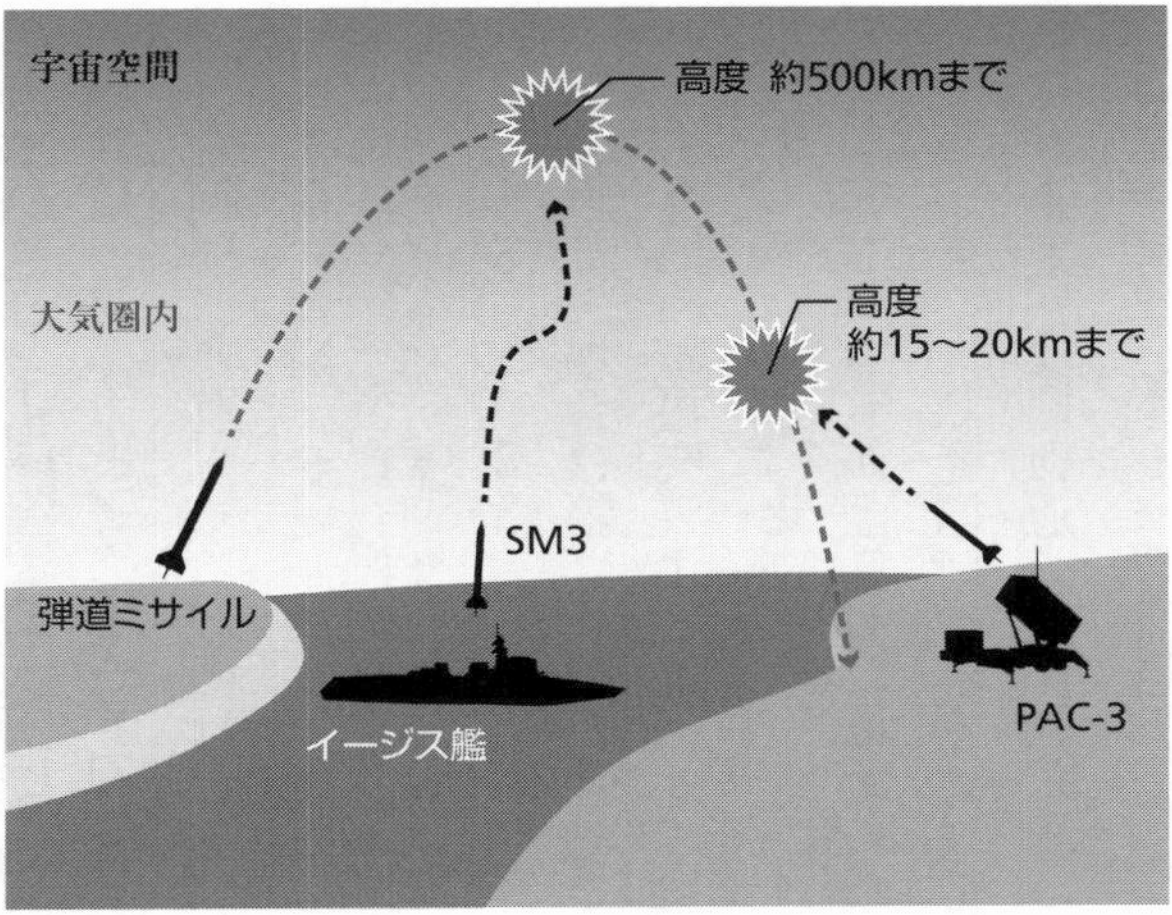

それは次のようなトリッキーな動きをします。頂点から落ちてくる時に、低空を滑空しながら目標に近づき、最終段階で急上昇して、ほぼ垂直に急降下。かなりの高精度で目標に突入します。

　迎撃のチャンスがあるとしたら、高度18〜20キロを滑空する段階でしょう。しかし、その時の速度はマッハ5〜7（時速6000〜8500キロ）で、洋上のイージス艦から狙うのは迎撃高度上も困難です。かといって、**ＰＡＣ－３を日本全土に配備することも不可能**でしょう。イージス艦の迎撃ミサイルでは低すぎる。ＰＡＣ－３で

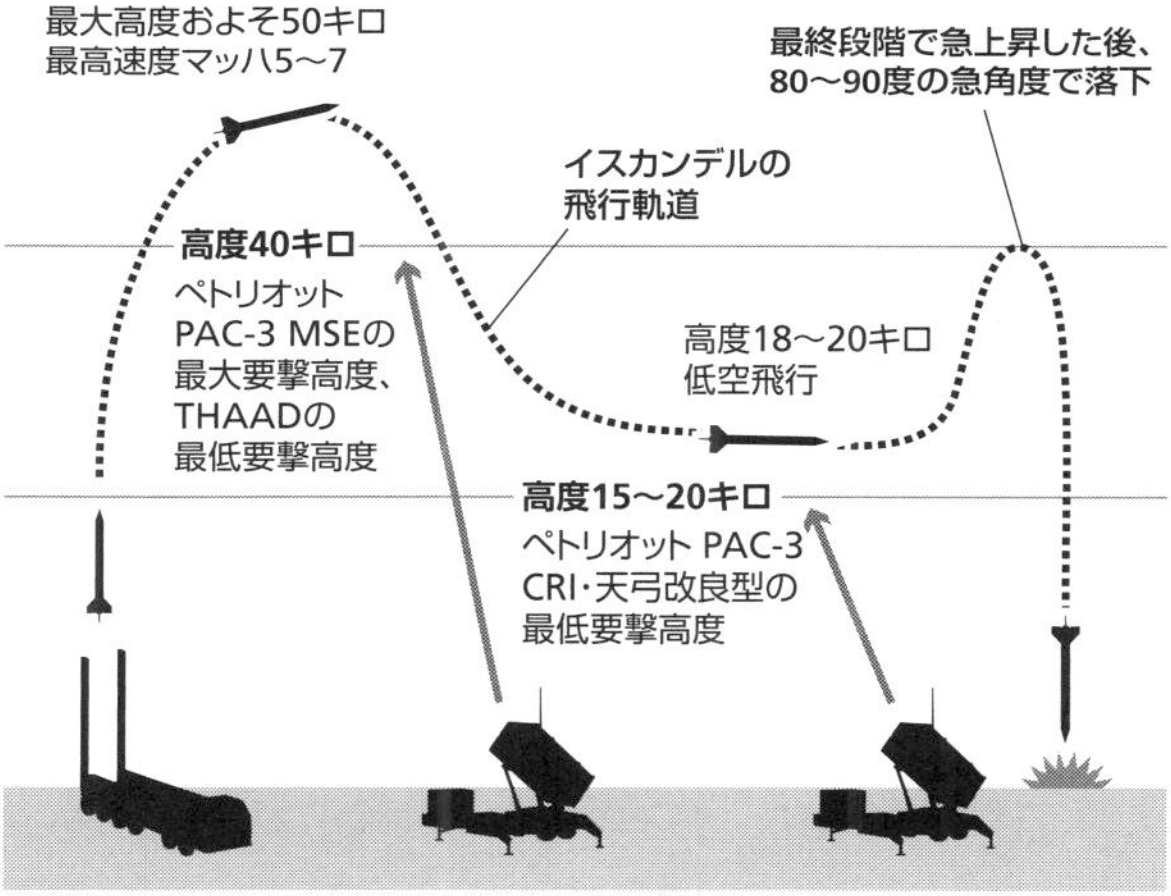

は高すぎる高度を飛翔し、最終段階ではその軌道を変える弾道ミサイルの実験を北朝鮮は繰り返しています。

北朝鮮が高度なミサイル技術をもってしまった今、その脅威は高まる一方なのです。

新たな防衛システムの構築に出遅れないために

これまでは艦船など「洋上から敵のミサイルを探知する」という対処法が主流でした。しかしこれでは、低軌道のミサイルなどは発見しづらく「発見した時は手遅れ」という状況になりかねません。

そこで考案されたのが「空からの監視」です。無人航空機、戦闘機、人工衛星などをリンクさせて情報を共有し、上空からミサイルを探知するシステムです。

イメージとしては、大気圏外にある人工衛星、大気圏内を飛ぶ無人機や戦闘機などを結び、空全体に「網」を張る。「宇宙防衛網」とでも呼べばわかりやすいでしょうか。「電波の網」を縦横無尽に張れる、インターネット時代ならではのシステムです。

ミサイルの発射情報を捉えたら、瞬時にネットワーク全体で共有し、発射地点、弾道軌道、目標地点を割り出す。そして**艦船や地上から迎撃ミサイルを発射して撃墜する**。同時に敵の発射地点にも反撃する。

このように「広い防衛網」と「反撃力」を合わせた新たな「総合ミサイル防衛システム」が完成すれば、今よりも少しは脅威を減らすことができるでしょう。日本の防衛省も米軍も、現在、開発に向けて精力的に研究を進めているところです。

ただし、問題は山積みと言えます。

一つは「お金」の問題です。例えば2022年に付いた防衛費のうち、この新システムの「センサー」に関する予算は４億円。国民からすれば大金です。しかし防衛不可能な脅威に対応するには、全然不足しているとも言えるのです。

もう一つの問題は「日米間の情報共有」です。日本とアメリカは同盟国ですが、機密の壁は完全には取り払えません。それぞれが独自に運用しているシステムの情報量の違い、バージョンの違いなどを統一するだけでも、相当な苦労を伴います。

しかし安全保障は待ったなしなのです。早急に課題を解決しながら防衛力を高めていかねばなりません。本書でお伝えしているような現状を、みなさんが理解するのと、何も知らないのとでは、物事の進展は大きく変わってくると私は思っています。

レーザー兵器の実用化。
実弾を必要としない画期的兵器

日本の場合、当面のミサイル防衛は、艦船からのＳＭ（スタンダードミサイル）とＰＡＣ－３が中心になります。ただし日本全土はカバーできません。もしも、今すぐ何らかの対応を考えるなら「03式中距離地対空誘導弾」（中ＳＡＭ）を改良し、ＰＡＣ－３と併用すべきだと、私は考えています。

この有効性を説明するのは、かなり専門的になるため、ここでは省きます。しかし「ＰＡＣ－３」と「中ＳＡＭ」を組み合わせれば、より広範囲を守ることができます。

もう一つ「レーザー兵器」について話しておきましょう。

ＳＦ映画で光（ビーム）を当てて敵の兵器を破壊したり、人を倒したりするシーンを見たことがあるでしょう。正確には「指向性エネルギー兵器」と言います。

「現実にはあり得ないよ」と笑う人がいます。国会議員の中にもそういう人がいる。

しかし、米軍では開発が進み、すでに実用段階にまで近づいています。陸上に配備するタイプだけでなく、艦船や航空機に搭載するタイプなど、さまざまあるようです。

「指向性エネルギー」とは、レーザーやマイクロ波、ラジオ波などの電磁エネルギー（電磁波）のことです。電磁波を照射することで、兵器そのものを壊したり、電磁機器を狂わせて機能を止めたりします。

これまでの兵器は「弾」が必要でした。このため運搬も大変でしたし、コストもかかりました。しかしレーザー（指向性エネルギー）なら、機械の重さだけで済みます。

こうした指向性エネルギー防衛装置や、強力な磁力で弾丸を撃つ「レールガン」など次世代型の防衛装備は早急に研究・開発を進めるべき、というのが私の考えです。問題はその「電源」ですが、**日本のバッテリー技術は世界トップクラス**であり原子力の使用も含めての検討が必要になりそうです。

いずれにせよ「待ったなし」の状況下にある日本が、どのように自分を守るのか？それは政治家だけではなく、私たち一人ひとりに突き付けられた喫緊の課題なのです。

北朝鮮の弾道ミサイルが日本を直撃。ロシア・中国が連動する!?

私は予言者ではありませんから〝その日がいつか?〟という問いには答えられません。しかし私は政治家ですから、国民を守らなければなりません。危険なものに対しては「危険だ」と強く訴えることが私の務めです。

北朝鮮が単独で日本に侵攻してくることは、現状では考えにくいと思います。ただし、日本人を拉致した国であることを忘れてはなりません。工作員は日々入ってきており、何らかの諜報活動をしていると考えるのが自然です。

また、近年では、インターネットなどを使ったサイバー攻撃も考えられます。2022年5月18日、読売新聞の社会面の見出しを紹介します。

〝北朝鮮「IT労働者」、サイバー攻撃加担の恐れ…米政府が危険性を指摘〟

記事には「北朝鮮のIT技術者が日本のスマートフォンアプリの開発に関与していた疑いが」あるとあり、アメリカ政府の見解が示されていました。

「こうしたIT労働者のほとんどが北朝鮮の軍部や核ミサイルの研究開発を担う機関と関係がある」と。さらには、こんな指摘もしています。

・高い技術をもつIT労働者が数千人おり、世界各国に派遣。

・偽の身分証を使い、韓国人、中国人、日本人などを装って各国の企業から仕事を受注。

・業務で取得したアクセス権限を悪用し、北朝鮮のサイバー攻撃を支援。

つまり身分を偽って**企業の情報を不正に取得し、それを北朝鮮のサイバー攻撃や軍事目的に悪用する**恐れがある、という訳です。こうした〝静かな戦争〟がすでに水面下でくり広げられているのです。

さて、ミサイルはいつ飛んでくるのか？

北朝鮮、ロシア、中国が、同時に動く可能性も否定できないと思っています。

戦いを有利に展開するには「戦力の集中と分散」が必須だからです。北朝鮮が単独で行動すれば、アメリカと日本が一気に叩きにくる。もし、私が北朝鮮の指導者ならば、そんな無謀なことはしないでしょう。

中国が行動を起こす時に乗じて動く——。これなら十分にあり得ます。その時にはロシアも動いてきます。

ロシアが極東で大規模な演習をすれば、日本の自衛隊はそちらに向かいます。さらにヨーロッパ東部でも動けば、ＮＡＴＯがそこに向かいます。北朝鮮が朝鮮半島で動けば、在日米軍や自衛隊が動きます。

こうやって**日米や西側陣営の戦力（防衛力）を分散**し、その隙に中国は台湾を獲りに行く。この時、ロシアの演習は実戦に変わるかもしれません。北海道侵攻です。

北朝鮮は、長距離のＩＣＢＭ（大陸間弾道ミサイル）でアメリカを威嚇し、日本には「低軌道・変則軌道」の新型ミサイルが飛んでくる。

想像したくもない最悪のシナリオですが「ない」とは言えません。

〝その時〟はいつか？　次の章でお話ししたいと思います。

第四章　中国は台湾の次に尖閣を狙う。その時、日本は！

時代は急激に動いた。
注目のバイデン発言　台湾有事に備えよ！

２０２２年5月23日、アメリカのバイデン大統領が来日し、日米首脳会談が行われました。ロシアのウクライナ侵攻後のことであり、防衛や連携を巡る重要な話し合いであったことは間違いありません。会談の主なポイントをまとめてみます。

・首相が防衛力の抜本的強化のため、防衛費の「相当な増額確保」の決意を表明。さらに敵のミサイル発射基地などを破壊する「反撃能力」の検討も表明。
・バイデン大統領が「核の傘」を含む「拡大抑止」の確実な提供を保証。
・「核兵器のない世界」に向けて連携。中国に核兵器の透明化や核軍縮を呼びかけ。
・国連安全保障理事会の改革を進める。バイデン大統領は日本の常任理事国入りを支持。
・ロシアに毅然と対応し、**ウクライナの政府と国民を全力で支える**ことを確認。

もう一つ、私が自分の耳を疑ったバイデン大統領の発言があります。岸田首相と臨んだ共同記者会見の中で、記者から次のような質問を受けた時です。

「有事には、台湾の防衛に軍事的に関与する意思があるか？」

これに対しバイデン大統領は、こう答えたのです。

「ある（Ｙｅｓ）。それが我々の約束した責任だ」と。

これまでアメリカは、台湾防衛の意思を明確にしない「あいまい戦略」を続けてきましたが、一歩踏み込んだ発言をしたのです。ひょっとすると、確信犯的な「失言」だったのかもしれません。

ウクライナ侵攻の件もあり、日韓の首脳と相次いで会談。日米首脳会談の翌日には、アジアで覇権主義的な動きを強める中国を牽制する「ＱＵＡＤ」（日米豪印戦略対話）が開かれる。そんな状況の中で、つい本音が漏れたのでしょう。いずれにせよ「最高の失言」だったと私は思います。明言したからには、事態が動くからです。

私たちも中国に対し「ロシアのウクライナ侵攻を明確に批判せよ」と強く求めてい

ます。もちろん強い態度で臨むなら、強い備えが必要です。中国の武力による台湾統一や尖閣諸島の有事に備え、日本自身が外交・防衛力をさらに強化することが大事なのです。

「対話」より「武力」のならず者。
そんな相手にどう対抗するか

バイデン大統領が台湾防衛の意思を明確にした翌日、日米豪印による「ＱＵＡＤ」首脳会合が開催されました（２０２２年5月24日）。

ＱＵＡＤの重要性は後で話しますが、中国やロシア、北朝鮮にとって、この一連の動きが面白いはずはありません。そこで彼らは、何をしたのか？　中国、ロシア、北朝鮮は一気に動き、武力を見せつける行動に出ました。これが世界の現実なのです。

まずは中国とロシアが共同で動きを見せました。ＱＵＡＤ開催の当日、両軍の戦略爆撃機が編隊を組み、日本周辺を飛行したのです。日本海、東シナ海、西太平洋の海

域を計6機の編隊で2時間ほど周回しました。領空外とは言え、爆撃機の飛行ですから「はいどうぞ」と済ます訳にはいかないでしょう。中国はこの飛行を「年間計画に基づくもの」と主張。ロシアも「合同の空中パトロール。特定の国に向けたものではない」と発表しています。過去にも3回、中国・ロシアの共同飛行はありましたが、今回はタイミング的にも、明らかな威圧行為と言えます。「我々は結束している」と誇示する意図もあったはずです。

さらにこの翌日（5月25日）、北朝鮮は3発のミサイルを発射。バイデン大統領が帰国する途上のことでした。北朝鮮がＩＣＢＭと短距離弾道ミサイルを立て続けに発射したのは初めてですが、この意図は明確です。

ＩＣＢＭはアメリカを、**短距離弾道ミサイルは日本と韓国を意識してのもの**です。「我々には攻撃する十分な能力があるぞ。いつでも撃てるからな」という意思表示です。短距離弾道ミサイルは、ロシアの「イスカンデル」を改良したもの。低軌道で飛び、最後には軌道を変えるタイプと見られています。加えて、アメリカは北朝鮮が核実験をいつでも行える態勢を完了したことを公表し、北朝鮮は６月５日には４か所から２発ずつ４種類のミサイルを短時間のうちに計８発日本海に向け発射しました。

これが私たちの置かれた現実です。「話せばわかる」と私も信じたい。しかし日本海を挟んで、対話の通じない相手がそこにいるのです。

中国のミサイルの現実。沖縄・嘉手納基地への仮想攻撃

「８：２５０」という数字があります。これは２０２０年に行われた判明している限りのミサイル発射弾数です。「８」は北朝鮮。「２５０」は中国。中国の異様な多さがわかるでしょう。

背筋が寒くなるような具体例を、もう一つお話しします。

中国は、甘粛省《かんしゆく》や新疆《しんきよう》の砂漠に「沖縄の嘉手納基地」や「空自のＡＷＡＣＳ（早期警戒管制機）」を模した標的を造りました。そして「滑走路」「格納庫」「機体」と詳

細な目標物を定めてミサイル攻撃の訓練をしています。日本に脅威が迫っていることは明らかなのです。

現在、中国のミサイル開発は、動かない〝固定目標〟を狙う「極超音速ミサイル」へと向かっています。「仮想・嘉手納基地」に撃ったのもこのタイプですが、なぜ、基地や周辺施設などの固定目標を狙うのか？

言うまでもなく、効率的だからです。例えば、滑走路を叩けば、戦闘機やＡＷＡＣＳは飛べません。空では無敵とされる「Ｆ－15」も、**最新鋭戦闘機「Ｆ－35」も、飛べなければ単なる鉄の塊**です。ＡＷＡＣＳが飛べなければ、東シナ海での自衛隊の活動は著しく制約されます。開発費は別として、ミサイル自体は安く造れます。一方で戦闘機やＡＷＡＣＳは、はるかに高額です。安いミサイルで高額の戦闘機等を一気に叩き、無力化する効率性があるのです。

ちなみに２０２０年、アメリカが行った「極超音速ミサイル」の発射実験は８回でした。しかし米国防総省は21年には実験の失敗も発表しており、もはや後発の中国が、開発の本家であるアメリカを完全に追い抜いてしまったことがわかります。

もちろん〝動く目標〟に対するミサイル開発も、盛んに行われています。例えば「グアム・キラー」というグアムまで届くもの。あるいは「空母キラー」という2000キロ先の空母を撃てるものなど。中長距離の弾道ミサイルの開発が進み、実物大の艦船や空母に対しての発射実験もすでに行われているのです。

「低軌道・変則軌道」の分野でも、マッハ5で滑空中の「極超音速ミサイル」から別のミサイルが発射されたことを、英国紙が報じています。地上や艦船からではなく、ミサイルがミサイルを発する。これはアメリカやロシアにもない技術です。

専守防衛のためのミサイル配備。中国の一人勝ちを許さない

意外に思う人もいるかもしれませんが、アメリカとソ連の間には、「ＩＮＦ」という中距離ミサイルに関する取り決めがありました。日本語に直すと「中距離核戦力全

廃条約」となります。冷戦時代、アメリカとソ連は核ミサイルを造ることで互いを牽制し合っていました。「核による抑止力」です。しかし「いくら造ってもキリがないし、経済を圧迫するだけ」ということで「減らしていこう」となったのです。1987年、アメリカのレーガン大統領とソ連のゴルバチョフ書記長が交わした取り決めです。

ちなみに中距離ミサイルとは、射程距離が500～5500キロのもの。それ以上飛ぶものは大陸間弾道ミサイル（ICBM）と言われます。

INF条約の成立以来、米ソ（露）両国は削減に取り組んでいたのですが、30年が経ち、世界の情勢も変わりました。そして2019年、条約は破棄されることになったのです。背景にあるのが中国のミサイル開発です。「米露がミサイルを減らしても、中国はお構いなしに造り続ける。これでは減らす意味がない」となった訳です。

中国には今、**地上発射式のミサイルが2000発以上**あります。しかしアメリカはゼロ。INF条約により、減らしてしまったからです。

恐ろしくないですか？　中国は日本に届くミサイルを２０００発以上も備えているのに日本はゼロ。頼みのアメリカもゼロ。これでは「抑止」どころか「好き放題」です。

日本にできることはないのか？　今考えられるのは「スタンドオフミサイル」です。固定式ではなく、航空機や艦船にも搭載できる移動式。攻撃してきた相手に対し、その射程圏外から反撃する防衛ミサイルです。射程距離は各種ありますが２５００キロのものをもって、北海道に配備すれば尖閣諸島防衛用とも言えます。

無論移動式なので、北海道から**西日本に移動すれば中国内陸のミサイル基地にも届きます**し、北海道からでも北京は射程圏内に入ります。

つまり、日本全土を守れる「専守防衛のためのミサイル」、目的はあくまでも「防衛用」ですが、敵への「抑止力」にもなる〝一石二鳥〟の武器と言えるでしょう。

海が陸地化している2022年の世界。島国日本は、どうやって国を守るのか？

ミサイルに代表されるように、今の戦争は〝飛び道具〟が主流です。

今回、ロシアはウクライナを陸から攻めました。本当は空からの攻撃で対空火器を完全に叩き、その上で陸戦に行くのが基本です。そのセオリーを無視したためにウクライナは反撃のチャンスを得た訳です。

日本はどうでしょう？　海に浮かぶ日本は〝自然の壁〟に囲まれた要塞と言えます。自衛隊の十数個の師団が守っている要塞です。

しかし、それもかつての話です。ミサイル、戦略爆撃機、無人航空機、衛星などの〝飛び道具〟が主力になった今は、海という〝国を守る壁〟は無きに等しくなりました。長期間潜航していた原子力潜水艦がパッと浮上すれば、海は瞬時に陸となる。ウクライナの例を見ても、1週間に約2000発のミサイルが飛びかう台湾周辺や尖閣付近に海自の護衛艦が本当に展開できるのか。

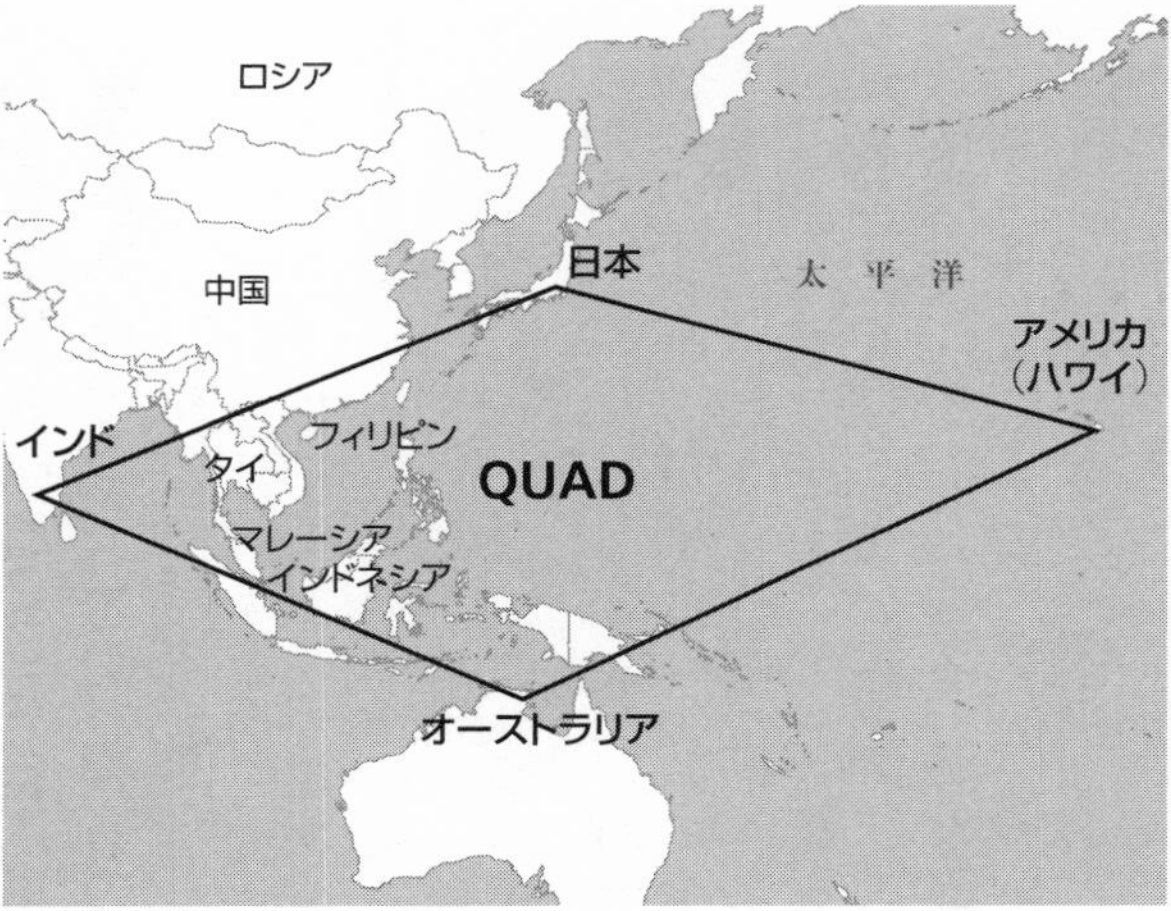

その状況で国をどう守るか？　大事になるのが国と国との連携です。経済成長を実現し、**強大な軍事力をちらつかせて覇権主義を貫く中国**と、その重要なパートナーであるロシア、北朝鮮。日本がこれらの国と向き合うには、仲間を増やして連携を強化しなければならないのです。もちろん、その中心はアメリカです。

それに加え「ＱＵＡＤ」（上の地図参照）や「ＴＰＰ」（環太平洋パートナーシップ）、「ＩＰＥＦ」（インド太平洋経済枠組み）などが多角的に結びつきます。安全保障の分野だけでなく、経済保障などでも連携強化をして対抗しなければなりません。彼らの行動を抑えるには、より大きな枠組みと、より大きな力が必要なのです。

中国やロシアは「ＱＵＡＤ」の首脳会合に合わせて爆撃機を共同飛行させました。北朝鮮はミサイルを発射。これは連携が〝効いている〟証《あかし》なのです。

台湾有事とは何か。なぜ中国は台湾を獲りにいくのか？

もう一度「逆さ地図」を見てみましょう（次ページ参照）。今度は日本列島の西側まで視野を転じてみます。奄美諸島、琉球諸島、尖閣諸島などの島々（南西諸島）が点在し、その西側の大きな島が台湾です。

改めて地図を見ると、日本列島がユーラシア大陸を覆う蓋であることは一目瞭然でしょう。日本列島の左翼は北方四島。右翼は南西諸島。

ロシアが北方四島を欲しかったように、中国は、南西諸島の島々が欲しくてたまり

ません。台湾も含めての「東シナ海の蓋」は、軍事的にも経済的にも、非常に大きな意味をもつからです。中国が、尖閣諸島や台湾を強引な論理で「自国のもの」と主張するのはこのためです。

何が、どう重要なのか？　まずは、中国から見た台湾の重要性を話します。

台湾は、三つの海を結ぶ位置にあります。「太平洋」「東シナ海」「南シナ海」です。フィリピンとの間には「バシー海峡」があり、中国との間には「台湾海峡」がある。このように、**海をもつことは〝戦略上〟とても有利**なのです。

なぜなら海は「モノを運ぶ」には、最も効率のよいルートだからです。例えば、戦車を運ぶ場合、輸送機ではせいぜい数台です。でも大きい船なら数百台程度は運べます。石油などの燃料も運べるし、空母なら〝滑走路付き〟で戦闘機を運べる。

つまり海をもてば物流を支配できる。狭い海峡ならなおさらです。船を〝生かすも殺すも〟〝通すも通さぬも〟いかようにもできる訳です。

さらに、中国の海南島には中国海軍の主要基地（楡《ゆ》林《りん》基地）もあります。ここから潜水艦や艦船が太平洋に出るには、バシー海峡を通るのが最も安全なルートなのです。

台湾有事になれば、日本には石油が入ってこない！

中国にとって〝複数の海域の交差点〟とも言える台湾は「海上の要衝」だと理解できたでしょう。

ここを自分のものにすれば、他の国に対して優位に立てます。例えば、日本も韓国

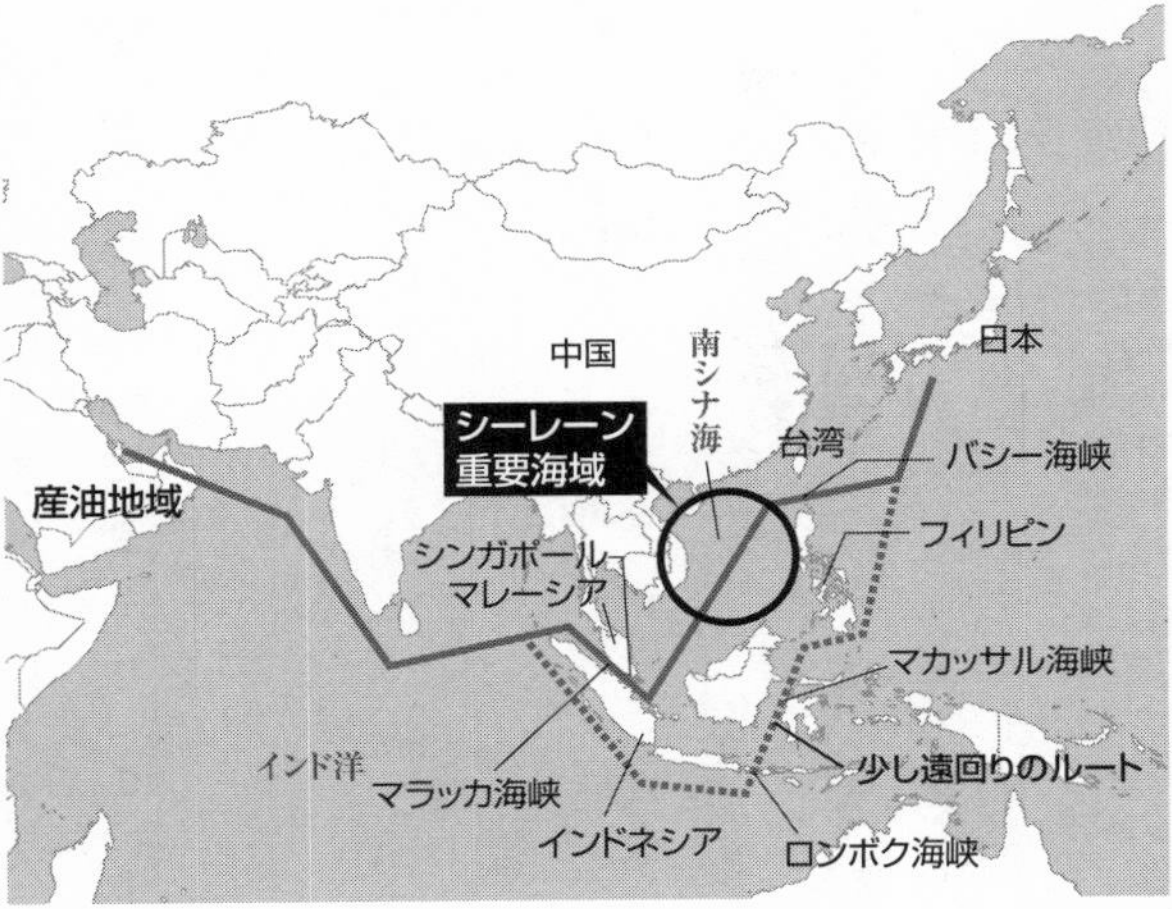

も、簡単に痛めつけることができる。もっと言うと、なぶり殺しにできるのです。

どういうことか？　地図を見てみましょう。

日本は石油の9割以上を中東から輸入しています。中東で石油を積んだ船は、インド洋を通り、マレーシアやシンガポール、インドネシアの間のマラッカ海峡を抜けて、南シナ海に出ます。その先にあるのが台湾です。フィリピンとの間のバシー海峡を抜け、沖縄などの南西諸島の東側を通って日本に到着します。

台湾有事、つまり中国が台湾に侵略戦争

をしかけたら、どうなりますか？

戦争でドンパチやっている場所など、誰も通りたくないでしょう。しかも石油を積んでいるタンカーには、日本人は乗っていません。船籍や運営会社は日本でも、乗組員は全員が外国人です。命の危険を冒してまで、**日本人のために石油を運んでくれる外国人**がいると思いますか？　私には、到底いるとは思えません。

他のルートはないのか？　少し遠回りのルートがあります（前ページ地図参照）。インド洋からバリ島の脇のロンボク海峡を抜け、インドネシアを縦に突っ切るようにマカッサル海峡を通り、フィリピンの南側から太平洋に出るルートです。

でも、中国の潜水艦が、太平洋の入り口辺りに突如プカッと浮上してきたら？　もう誰も通れなくなります。海底から狙われると思ったら、怖くて仕方ないですから。

石油が入らなければ日本はアウト。〝生命線〟は中国に握られているのです。

台湾有事はいつ起こる？
2027年に緊張はマックスになる

「台湾有事」という言葉を耳にする機会が増えました。でも多くの日本人はピンとこなかったでしょう。しかし前項で話したように「台湾有事は日本有事」なのです。さらに直接、攻撃を受ける可能性もありますが、それについては後述します。

ズバリ〝その時〟はいつか？

早ければ２０２７年、というのが私の〝読み〟です。

米インド太平洋軍デービッドソン司令官（当時）も、次の認識を示しています。

「２０２７年までに、中国が台湾に軍事攻撃をしかけるリスクがある」と。

右は米上院軍事委員会の公聴会で語られたことです。彼はこうも言っています。

「米海軍が、アメリカ西海岸を出発して沖縄―フィリピンを結ぶ『第一列島線』に到達するのに、約３週間かかる」と。

第一列島線とは、中国が設定した対米防衛線。「線内の内側への接近を拒否する」

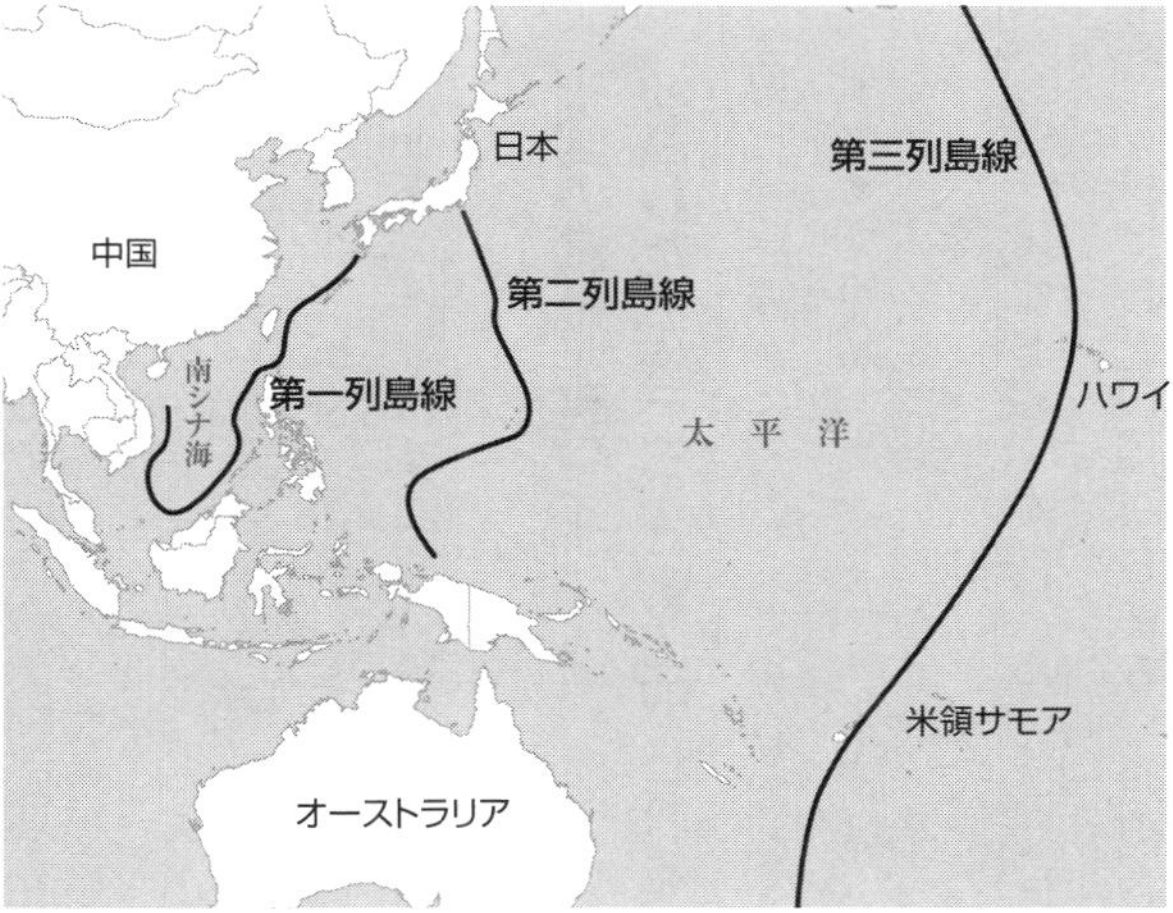

という目標ラインです。中国としては第二列島線との間で海軍や空軍を厚く展開し、アメリカを迎え撃つという目論見です。

中国が勝手につくり上げたシナリオ、あまりにも横暴だと思いませんか？

他国の領土や領海を自国の防衛線に設定している訳ですから。日本、台湾、フィリピン、インドネシアを、まるで自国のように考えています。これこそが**中国の覇権主義であり、恐ろしさ**なのです。

いずれにしても、ウクライナの教訓から短期決戦を企図して、台湾の東西から中国が台湾に侵攻した後、アメリカ本土から部隊が到着するまでの間に台湾国民や在留外国人を人質にするでしょう。奪還するのは容易ではありません。

２０２７年の〝その時〟が来てから行動したのでは間に合いません。私の〝読み〟が外れるならこれほど嬉しいことはない。しかし「最悪のシナリオ」を想定して、リスク回避に備えておくことも、私の仕事だと思っているのです。

中国の覇権主義。油断したら根こそぎ奪い取られる

「第三列島線」についても触れておきましょう（前ページの地図参照）。北は「アリューシャン列島」から「ハワイ諸島」、南は「ニュージーランド」までを結ぶ線です。つまり太平洋のど真ん中。世界では〝アメリカの陣地〟という認識でした。

しかし中国は「ハワイを基点に太平洋を東西に分け、米中で分割して管理しよう」と、アジアの周辺国などまるで無視した発言をしたのです。

２００８年のことでしたが、当時のオバマ大統領は〝寛容政策〟とも呼べる対応をしました。中国が経済的に豊かになれば、**アメリカと同じ自由民主主義社会に近づく**と考えていたからです。しかし結果的に、それは失敗でした。実際に中国は強い経済力を背景に太平洋島嶼国《とうしょこく》に触手を伸ばし、２０１９年にはキリバスとソロモン諸島が台湾と断交し２０２２年にはソロモン諸島と安保協定を結びました。
中国は豊かになると同時に、軍事力を増強し、覇権主義を推し進めたのです。今では大陸だけでなく、台湾や南シナ海の支配欲を隠そうともしません。

しかし中国の欲望は、今に始まったことではなかったのです。

ざっくり話します。例えば１９５３年。中国は南シナ海に「九段線」と呼ばれる破線を引き「ここは２０００年前から中国のものだ」と主張。馬鹿げているので、周辺国が相手にしないでいると、中国は実力行使に出ました。

ベトナム戦争末期、米軍が撤退した１９７４年、西沙諸島を武力で奪い取りました。さらに１９８０年代半ば、ベトナムにいたソ連軍が規模を縮小すると、南沙諸島の岩

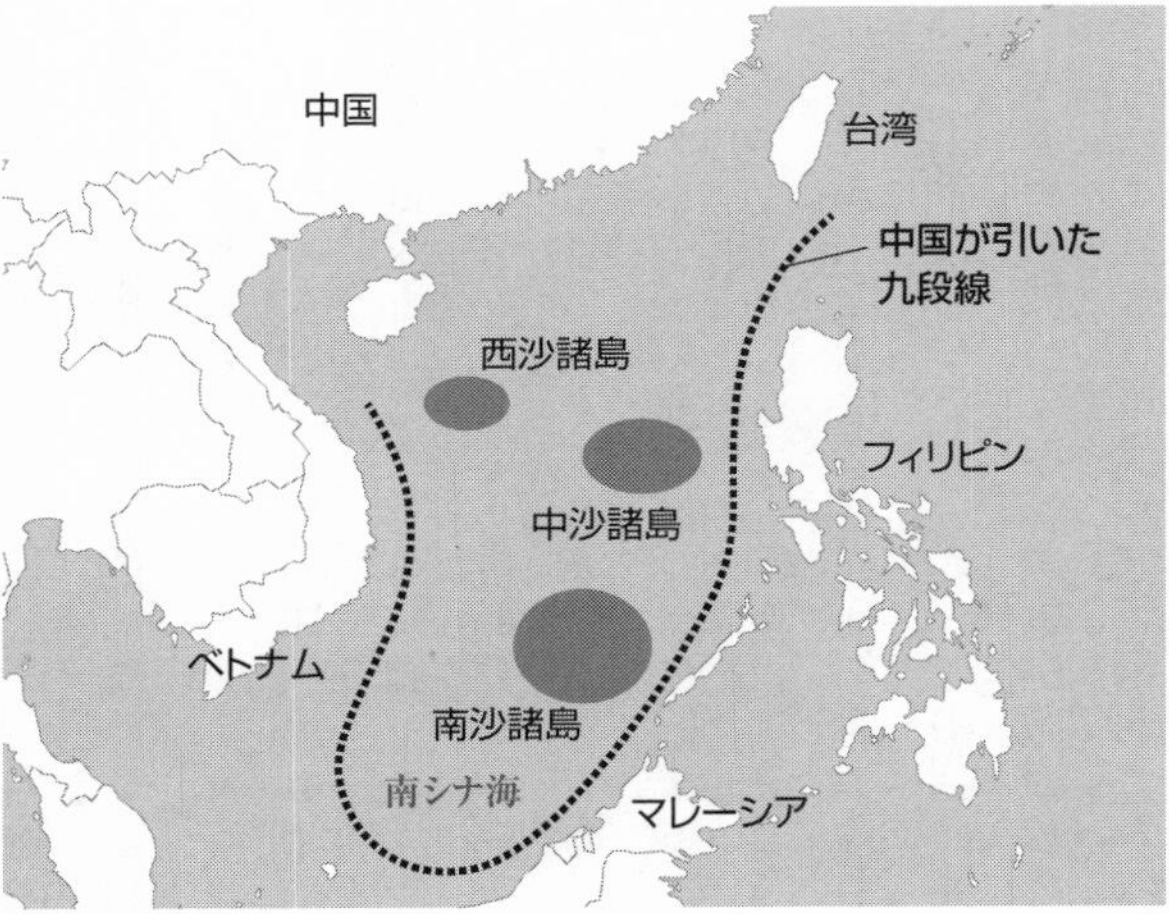

礁群を奪い始めました。２０１２年には、中沙諸島のスカボロー礁に船を乗りつけ、違法操業をし続けた挙句、居座ってしまいました。

　こうして西沙、南沙、中沙を奪った中国は、その地を「三沙《さんさ》市《し》」という市にしたのです。「市」とは名ばかりで、人が立てないほどの岩場です。しかし中国は、岩場をコンクリートで埋め立て、またたく間に軍用施設にしてしまいました。今ではそこに、戦闘機やミサイルを配備し、海軍も駐留させています。これが現実なのです。

世論を味方にしながらの横暴。世界が中国に振り回されている

まさに、今回のロシアがウクライナにしたようなことを、中国は南シナ海で行っているのです。兵器を使っての大々的な侵略ではなく、**少しずつ小分けにして奪っていったため目立たない**だけですが、奪われた側はたまったものではありません。

では、なぜ歯向かわないのか？

答えは明確です。軍事力の差がありすぎるからです。

フィリピン、マレーシア、ベトナムが奪われた側ですが、この三つの国の軍事力をすべて合わせても、中国の5分の1にすぎません。中国からすれば、まったく怖くないのです。

力があればめちゃくちゃをしてもいいのか？　もちろん、いいはずがありません。国際法に照らしても違法なことは明白です。そこで、例えばフィリピンは、常設の国際仲裁法廷（常設仲裁裁判所）に訴えました。裁判の結果、中国は「全面的に違法」

という裁定が下された。これに対して中国は「間違った判断だから無視する。こんなものはただの紙くずでしかない」と怒りをあらわにしたのです。

そんなこと許されるの？　国連は何もしてくれないの？　そう思いますよね。

もちろん許されません。国連も何もしない訳ではありません。しかし「口は出すけれど、手は出さない」というのが国連のスタンスです。今回のウクライナ侵攻で、みなさんも目撃したとおりです。国連はロシアに対して「非難決議」はしますが、それ以上のことはできません。「反対」や「棄権」をする国も多数です。ロシアも「多くの国に非難されたのでやめます」とは言いません。侵略をやめることもありません。これが現実なのです。

　もともと国際社会は一枚岩ではありません。さまざまな結びつきがあるからです。経済的な利害、宗教、歴史的な友好や反目などが複雑に絡んでいます。

　今の中国は、経済発展を遂げ「世界の工場」と呼ばれるほどです。アフリカや中南米の開発途上国に経済援助もする。さらには**交通やエネルギー、情報通信技術のイン**

フラ支援なども行う。こうして各国との結びつきを深め、「親中」の国を増やしています。国際社会の〝世論〟を味方にしながら〝横暴〟もしているのです。

南シナ海を獲った理由。核ミサイル搭載の潜水艦が隠れている

中国の横暴を止めることはできないのか？　アメリカにも、それは難しいかもしれません。全面的な戦争をすれば話は別ですが、それはできないでしょう。それこそ世界を巻き込んだ「第三次世界大戦」が始まってしまいます。

逆に言えば、それがわかっているから、中国は横暴なことができるのです。

中国が南シナ海を獲りに行ったのは、中国の「内海」にするためです。自国の領海にすれば外国船が入ることができないし、上空を飛行機が飛ぶこともできない。

これに、どんなメリットがあるのか？　例えば、海洋資源を独占できます。しかしそのために、無謀な横取りをする訳がない。やはり最大の目的は軍事です。

美しいサンゴ礁の海域を埋め立てて軍事基地を築いた。第一列島線に艦艇や戦闘機を配備すれば、海軍や空軍の戦力は向上し、防衛能力も向上します。しかしそれ以上に、南シナ海を「潜水艦の聖域」にしたかったのです。

中国の東側にある東シナ海の大部分は、水深が２００メートル以下の浅い大陸棚によって占められており、潜水艦が隠れるには不向きです。その点、南シナ海は深い海域が多く、うまく隠れることができます。

潜水艦は、隠れて忍び寄ってくるから恐ろしい。弾道ミサイルを搭載した潜水艦を遊弋《ゆうよく》させ、**水中から発射されたら反撃も迎撃も困難**です。

さらに広い太平洋に潜水艦をくり出すには、まずは見つからないようにすること。そのために中国は、南シナ海を奪ったのです。

アメリカのブリンケン国務長官は、中国に対して次のような発言をしています。

「国際秩序を作り替える意図と力をもつ唯一の国」「ニクソン大統領が訪問した50年前とは全く異なる」「習近平国家主席の下で、中国共産党は国内でより抑圧的に、国外ではより攻撃的になった」と。その上で「米国の競争力や民主主義を強化するとともに、同盟国や友好国との協調を重視し、中国との競争に打ち勝つ」と対決姿勢を鮮明にしています。（2022年5月27日　読売新聞より）

昨日の南シナ海は明日の東シナ海。尖閣諸島は完全にターゲットになる

急激に成長した経済力を活用し「親中」の国が増えていることは確かです。世界平和だけに貢献してくれれば素晴らしいのですが、そうではありません。覇権主義的な思想により〝支配権〟を急拡大している中国には、やはり危うさを感じます。

一つ、中国特有の考え方を知っておくとよいでしょう。

「国境は国力に応じて変化する」というものです。国力をもてば国境を広げていい、という考えです。中国の覇権主義の真骨頂なのです。

国境を広げるには、相手の弱いところを突いていきます。相手の国力が弱くなった

時、強国の守りが弱くなった時、軍事力に差がある時には、一気に奪い取りにきます。アメリカの力が以前より弱くなった今は、中国にとっては〝国境の広げ時〟なのです。南シナ海の例では、小さな侵略から始まりました。最初は船を「違法操業」させ、抗議しても無視して居座り続ける。そして相手がいなくなった隙に奪い、工事を始める。「君たちは放っておいたけど、僕は手を掛けている。だから僕の場所なんだよ」と。

めちゃくちゃな論理です。でも、同じことが、尖閣諸島でも起ころうとしています。

みなさんは、その危うさに気づいているでしょうか?

尖閣諸島は日本の領土です。だから「領土問題はない」が日本の公式見解です。ところが実際は、中国の公船が定期的に領海侵入をくり返しています。よほどの悪天候でない限り、**ほぼ毎日、接続水域付近をうろつき、月に3〜4回は領海に侵入**する。

警備・警戒しているのは、海上保安庁です。領海に侵入したのが漁船であれば取り調べもできますが、公船は国内法の適用外なので「立ち去れ」としか言えない。そして相手も「ここは中国の領海だから、お前こそ立ち去れ」と言っているのです。

中国としては、毎日主張し続けることが〝証拠〟なのです。領空侵犯を冒した小型飛行機が写真を撮り、HPにアップしたこともありました。「自分の島をパトロールした」というただのアピールです。似ていませんか、南シナ海で起きたことに？

自衛隊も海上保安庁もまさに命がけです一触即発の緊急発進。

もちろん、日本が何もしていない訳ではありません。〝現場〟は常に緊張状態で、例えば、航空自衛隊機のスクランブル（緊急発進）は激増しています。

何もなければ緊急発進などしません。公的に認められた海域の上空を「領空」と言いますが、外国の飛行機が領空に近づいた時に、スクランブルが行われます。

文字にすると緊張感はありませんね。でも現場は大変です。マッハの超速度で飛行し、相手を追い払う訳ですから、まさに命がけ。仮に戦闘機同士が8〜9メートルに接近したとします。これは高速道路を時速１００キロで走る車同士が１センチまで近づくようなものです。ゾッとしませんか？

ちなみに、スクランブルの件数は２０２１年には１００４件ありました。そのうちの７割が中国機に対応したものです。

先ほどもお話ししましたが、領海では海上保安庁が警備に当たっています。外国の漁船が日本の排他的経済水域（ＥＥＺ）で違法操業をしていれば取り締まります。

２０１６年には、２００隻以上の漁船団がやってきたことがありました。しかも率いていたのは「海警」と呼ばれる中国の公船です。何より問題なのは、海警が捜査を妨害することです。さすがに現場には緊張が走りました。単なる漁船ではありません。何をしでかすかわからないのです。

しかし、中国への逆風が吹いたこともあります。２０１６年８月、尖閣諸島から少し離れた公海上で、中国漁船がギリシャ船籍の貨物船と衝突して沈没。この時、海上保安庁が緊急で駆け付け、乗組員を救助したのです。これによって、**尖閣諸島は日本が管理している**ことや、対応の素晴らしさが世界中の知るところとなりました。逆に、中国公船の不可解な行動も、あらわになったのです。

認めたくない中国は「救助での日本の協力と人道主義の精神を称賛する」と笑止千万の声明を出しましたが、しばらくの間は中国公船の領海侵入はありませんでした。

なぜ尖閣が欲しいのか？　〝小さな侵略〟を認めてはいけない

中国はなぜ、尖閣諸島が欲しいのでしょう？　大きな理由は三つ考えられます。

一つは、台湾の東側に位置するためです。尖閣諸島や石垣島を支配すれば、台湾を東西から挟み込むことができます。なぜなら台湾の西海岸は台湾の守りも固く、水深も浅いので潜水艦の運用には不適です。一方、東海岸は守りも薄く、水深も深いので空母打撃群の運用にも適している他、台湾山脈を利用したゲリラ戦や花蓮《かれん》空軍基地を

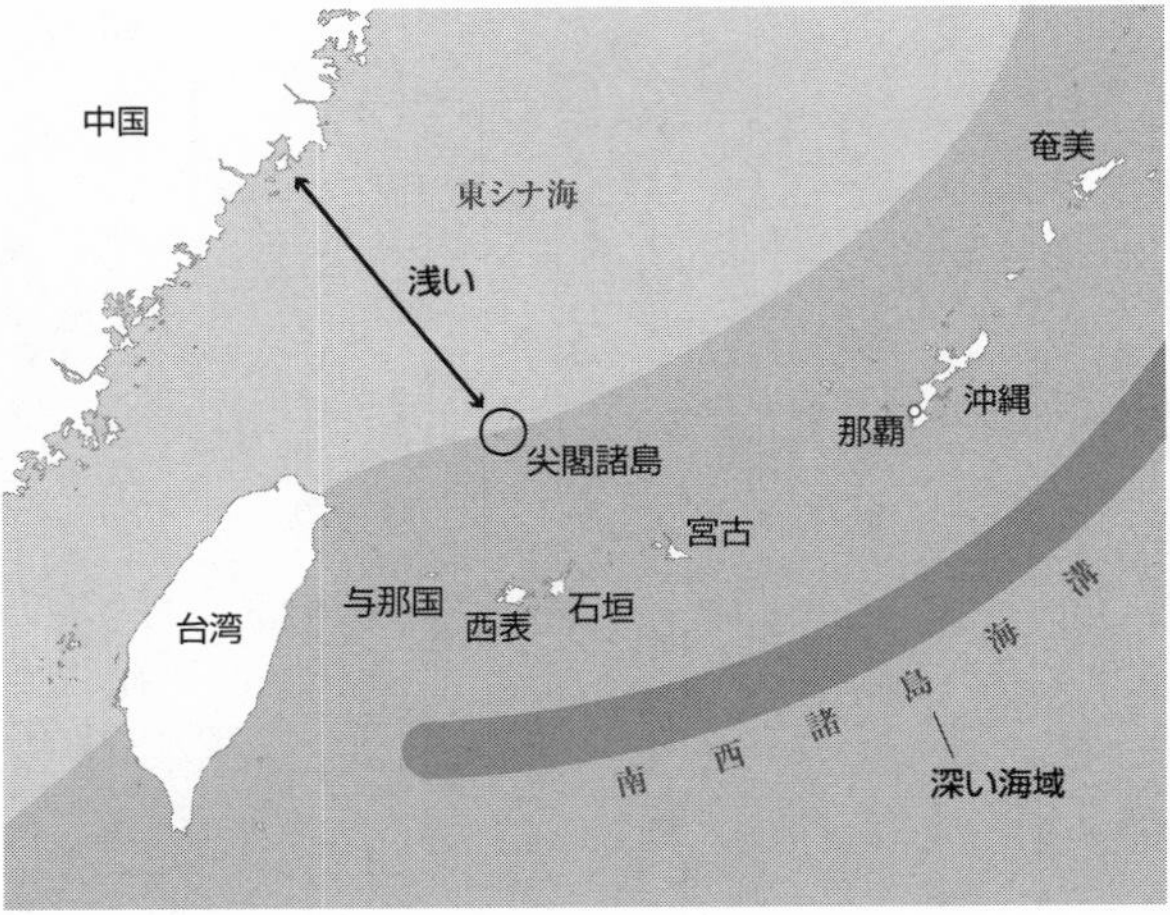

無力化する意味でも東西からの挟撃は有効なのです。

ちなみに、台湾も尖閣諸島の領有権を主張しています。そして中国は「台湾は自分の国だ」と言っている。

つまり中国からすると「台湾の一部である尖閣諸島は中国のもの」という理屈なのです。

二つ目の理由は、大陸棚と沖縄トラフとの関係です。尖閣諸島付近から、海がグッと深くなるのです。中国東側の沿岸は浅く、水深は80メートルほどしかありません。潜水艦を航行させることはできないのです。

尖閣諸島を獲れば、そこから太平洋に潜ることができるし、沖縄本島と宮古島の間の沖宮海峡の押し出し口に尖閣は位置するので青島《チンタオ》の北海艦隊及び寧波《ニンポー》の東海艦隊にとっては是非とも欲しいのです。また魚釣島にＳ４００対空ミサイルを配備できれば、嘉手納や那覇基地の日米の戦闘機の行動を大きく制約することが可能です。

三つ目は、「海底資源」「ガス田」の問題です。１９６９年に、尖閣諸島付近に石油埋蔵の可能性が高いことが国連の報告書で指摘されました。すると中国は突如として、領有権を主張し始めたのです。尖閣諸島の北には、日本と中国で排他的経済水域の境界線があるのですが、合意ができていません。

それなのに、**中国は一方的にその海域に天然ガスステーションを建設**してしまいました。巨大な建造物です。仮に、ここに航空管制用のレーダーでも置かれたら、東シナ海全域の監視ができます。当然、通信関係の傍受もされるでしょう。防衛的には、大きな脅威となります。

ちなみにその場所は、佐世保から５００キロ、那覇から３６０キロ、尖閣から３０

０キロに位置しています。もちろん「その場所での資源開発は認められない」と抗議をしましたが、聞く耳を持ちません。ロシアの**ウクライナ侵攻の影響で天然ガス価格が高騰した**ことを受け、中国は２０１７年以来、久々に２０２２年の５月と６月に東シナ海に新たな人工物を構築しました。これが中国なのです。

尖閣諸島の先には、沖縄があります。尖閣の次は沖縄……。そうさせないためにも、今〝小さな侵略〟を許してはいけないのです。

そもそも台湾は中国の一部なのか？　中国近代史をひもとく

台湾有事に話を戻します。

台湾の位置的な重要性については、前に話しました（１３５ページ参照）。しかし、そもそも中国にとって台湾は「中国の一部」であり「台湾省」という認識なのです。

だから〝獲りに行く〟という表現をされること自体、面白くないかもしれません。

分離された国の一部を〝統一する〟という思いです。しかし、台湾政府や台湾国民からしたら〝独立した国〟と思っているので、冗談ではないとなる訳です。

２０２１年10月9日の辛亥《しんがい》革命１１０周年記念大会の演説で、習近平国家主席は台湾「統一」を「果たさなければならない」と発言しました。習主席や中国政府は、以前から同様の話をくり返していましたが、近年はそれが増え、しかも強調しているように思います。なぜでしょうか？

アメリカと台湾の距離が急速に縮まっていることが原因の一つです。

アメリカは２０１８年に「台湾旅行法」を作り、アメリカの政府高官が台湾に行けるようにしました。また、２０２０年には「ＴＡＩＰＥＩ法」（台湾同盟国際保護強化イニシアティブ法）を作り、台湾を国際社会から孤立させない配慮をしています。

アメリカはこれまで、台湾に関しては「戦略的あいまいさ」という態度を貫いてきました。簡単に言うと、理由は二つです。

一つは中国政府の立場を尊重してのこと（「一つの中国」と言っているため）。もう一つは、**台湾が明確に独立を宣言すると中国が侵攻する恐れがある**からです。つまり「明確にするよりあいまいなままにしたほうが平和」と考えた訳です。アメリカだけでなく、日本も含めて多くの国の政府が、同じような態度をとっています。

２０２２年５月、バイデン大統領は「台湾有事の際は軍事的に関与する」と発言しつつも、「我々は『一つの中国』政策を支持している。だからと言って、力で台湾を奪うことを正当化するのは適切ではない」とも表明しています。〝あいまいさ〟を生かしながらも〝くぎを刺す〟という絶妙なバランス外交を続け、中国はこれに苛立っています。

ところで、そもそも中国と台湾って別の国なの？　と、両国の関係性がわからない人も多いと思うので、ざっくりと歴史を振り返っておきます。

今の「中国」（中華人民共和国）ができる前には、「中華民国」という国がありました。しかし中華民国の中で中国国民党と中国共産党との国共内戦が起き、中華民国政府は台湾（島）に場所を移しました。そして、中国大陸に残った中国共産党により「中華人民共和国」が誕生したのです。

ところが、台湾に移っていた「中華民国」政府は「中華人民共和国」政府を認めません。

「自分たちこそが正統の政府なのだ」と言い、「中華民国」を名乗ったまま独立を続けている。それが今の台湾です。「台湾」というのは地域（島）名であり、正式名称は「中華民国」です。

いっぽう中国からすれば、「台湾も中国であり、一つの国だ」という認識なのです。

2027年有事危機。なぜ習近平は、この年に動くのか？

台湾有事があるとしたら２０２７年の可能性が高い――。

私がそう言うのは、**２０２７年が習近平国家主席の４期目を決める年**だからです。習主席はかねて「国を強くする」と言い続けてきました。国の指導者としては、当たり前のことを言っている訳ですが、実はそれ以上の意味があります。過去の二人の偉大な指導者を意識してのことです。毛沢東と鄧小平です。

毛沢東は国をつくり、鄧小平は国を豊かにした。それを受け継ぎ「習近平は国を強くした」としたいのです。「毛沢東思想」「鄧小平思想」と並ぶ「習近平思想」の確立です。

「国を強くしたね」と国民から認めてもらうには、台湾を中国のもとに統一するのが一番。少なくとも台湾の離島ぐらいは占領しないと「強い指導者」にはなり得ない。本当は今すぐにでも行動を起こしたいのでしょうが、ロシアのウクライナ侵攻があり世界の目も厳しい。４期目の当選を決める２０２７年が絶好のタイミング、という訳です。

中国は短期決戦を挑む。用意周到にしかけてくる罠〝三戦〟に注意

中国が台湾統一に動くとしたら、短期決戦を挑む――。今回のロシアのウクライナ侵攻を見て、習近平国家主席も改めてそう決意したはずです。ロシアが西側諸国などから厳しい制裁を受けているのはご存じでしょう。反対に、ウクライナには、武器や弾薬を含めた支援が行われたことも、ロシアとしては大きな誤算でした。

国連では、ロシア軍の即時撤退を求める「非難決議案」が１４１か国の賛成を得ました。反対したのはロシア、北朝鮮、ベラルーシ、シリア、エリトリアの５か国。中国やインドなど35か国が棄権。ソ連時代から密接な関係を続けてきたインドでさえ、少しずつ距離を置き始めました。長引けば長引くほど孤立することを、世界が実証したのです。

それでは、どうやって短期決戦に持ち込むのでしょうか？

一番に考えられるのは、やはり戦力の分散と集中です。私なら次のように考えます。

①北朝鮮に「朝鮮半島」で何らかの動きをさせる。

北朝鮮が国連から強い制裁措置を受けているのに生き残っていられるのは、中国がいるからです。つまり、北朝鮮にとって台湾有事は恩返しのチャンスなのです。

朝鮮半島で北朝鮮が何らかのアクションを起こせば、在韓米軍は対応せざるを得ません。日本も台湾方面には集中できなくなります。

②ロシアに極東や「オホーツク海」でアクションを起こさせる。

今回のウクライナ侵攻で、ロシアは中国に大きな借りができました。ロシアへの制裁強硬論が高まる中、中国はアメリカやＮＡＴＯを牽制したからです。「ウクライナでの借りをオホーツクで返そう」とロシアは思っているはずです。

オホーツク海でロシアが何らかの行動を起こせば、自衛隊と米軍の一部は、北海道方面で対応を迫られます。台湾周辺に人員を割けず、手薄にならざるを得ません。

③ロシアに「ヨーロッパ東部」でアクションを起こさせる。

今回のウクライナ侵攻は、NATOにも大きなショックを与えたはずです。本当に戦争を始めるとは思わなかったでしょう。つまり今後は、東欧で何らかの動きを見せれば、NATOは多くの兵力を展開する。台湾に手が回らなくなるのです。

以上のような展開により、台湾に集まる戦力を削《そ》ぐことができます。

さらに中国は、用意周到に「三戦」もしかけてくると思います。三戦とは「世論戦」「心理戦」「法律戦」の三つで、中国が戦いで重要と考えている要素です。

世論戦は、国内外の支持を集めることです。新疆ウイグル自治区での**少数民族の弾圧は、世界中の批判の的となった**という点で、世論戦に失敗した例でしょう。現代は〝情報戦〟が大きな鍵を握ります。

心理戦は、相手の心にダメージを与えて戦闘意欲と能力を下げることです。威嚇は中国の得意技と言えます。台湾への認知戦に中国が力を入れているのはこのためです。

法律戦は、国際法の解釈や国内法の制定などの〝理論武装〟で優位に立つことです。

このような〝罠〟にかからぬよう、注意が必要なのです。

中国は台湾をどう攻めるのか？
宮古、八重山も戦場と化す

外交や防衛、安全保障は「相手の立場になって考える」ことが基本です。もしも私が習近平国家主席だったら、台湾をどう攻めるか、考えてみました。

台湾の南側（バシー海峡）や東側（太平洋）からも攻撃すると思います。

それは台湾の地形によるものです。中央には「台湾山脈」が背骨のように横たわっていて、島を東西に分けています。普通に考えれば、大陸側から攻撃するでしょう。

しかし大陸側からミサイルなどで攻撃しても、台湾山脈に遮られてしまい、台東は制圧できません。東側には観光地で有名な花蓮もありますが、軍事基地が点在しています。基地が残れば台湾軍は山脈を利用して、ゲリラ戦を展開する可能性が高くなります。そうなれば戦争は長期化することになります。

短期で決着をつけるなら、まずは太平洋側から攻撃を集中的にしかけ、台東の基地や対空火器などを完全に叩きます。その上で、大陸側からも〝挟み撃ち〟をするように攻勢をかける。こうすれば全土の拠点の攻略にも時間はかかりません。

しかし、日本からすれば、こうした攻め方は大問題です。なぜなら、台湾の東側には宮古島、石垣島、西表島《いりおもてじま》、与那国島《よなぐにじま》などの「先島諸島」があり、戦火に巻き込まれる恐れがあるからです。

中国の艦船は与那国島のすぐ脇を通過して、台湾の東側に向かいます。台湾から**与那国島まではわずか１１０キロの近距離**です。西表島は２００キロ、少し離れた宮古島でも３５０キロ。つまり先島諸島の全体

が戦場の一部になってしまうかもしれないのです。６００キロ離れている**那覇も、当然、ミサイルの射程圏内**です。

どうしたらいいのでしょうか？　避難するしかありません。ミサイルが飛び交う中、どのように逃げるのか？　日本国民を守る訳ですから、自衛隊が中心になるしかありませんが、ウクライナの例を見ても決して簡単ではありません。

台湾有事はまさに日本有事。なぜ沖縄にミサイルが飛んでくるのか？

バイデン大統領は「台湾有事の際は、軍事的に関与する」と言いました。責任だとも明言しました。

ここで質問です。真っ先に台湾に向かう〝米軍〟はどこでしょう？

台湾に一番近い米軍の基地は沖縄にあります。ですから沖縄の在日米軍が向かうのです。

もう一つ質問します。

もしもあなたが習近平国家主席なら、沖縄の在日米軍をどうしますか？

飛んでくる戦闘機は撃ち落とすのは当然です。それ以外には？

真っ先に沖縄基地を叩こうとするでしょう。基地ごと根こそぎ叩かなければ、攻撃されてしまうからです。

どうやって沖縄基地を叩くのか？　ミサイルを飛ばすのが手っ取り早い。つまり、台湾有事は沖縄有事、さらには日本有事なのです。

「そんなことがある訳ない。いくら中国でもそこまではやらないだろう」

多くの日本人は、否定したがるでしょう。私も、有事など起きなければいいと心から願いたいのです。でも実際に米軍は〝台湾防衛のため〟とはいえ、中国軍を攻撃します。中国側が反撃、米軍を叩こうとするのは当然です。そして、米軍基地を叩こうとするのも当然なのです。容赦ない戦争の現実です。

「しかけてきたお前が悪い」とか「これは防衛のための反撃なのだ」いう理屈は通用しません。ひとたび戦いの火《ひ》蓋《ぶた》が切って落とされたら、相手を叩かなければ自分がやられてしまう。これが戦争なのです。だからこそ、戦争が起こらぬよう、あらゆる手を尽くさなければならないのです。

ちなみに、**沖縄には在日米軍のおよそ70%が集中**しています。米軍基地は沖縄各地にあり、その面積は沖縄本島の15%を占めています。

台湾有事の避難経路を確保。先島諸島の人々を逃がす際の大問題

くり返しになりますが、中国は多面戦をしかけてきます。自衛隊は極東のロシアと朝鮮半島の北朝鮮に〝くぎ付け〟にされ、手薄になる可能性が高いと言えます。

その状況で、先島諸島の人々をどう避難させるか？

輸送手段は「船」か「飛行機」のどちらかですが、ここで大問題があるのです。

海上自衛隊の大きくて重い輸送艦が入るためには、深さと幅が必要なのですが、条件を満たす港がほとんどありません。深さ的に可能なのは石垣港と宮古島の平良《ひらら》港の二つだけ。それ以外の有人離島の場合は沖合に停泊して、そこから小型船でピストン輸送をくり返す。しかし有事の時に、その時間や安全性が確保できるかは、かなり不透明です。

飛行機はどうか？　大型の輸送機が離着陸するには３０００メートル級の滑走路が

必要です。しかし、それがあるのは伊良部島《いらぶじま》に隣接する下地島《しもじしま》の下地島空港だけです。「あれがない」「これもダメ」と言うばかりで、なんとも心許ないのですが、悲しいかな、これが現状です。

言い訳のように聞こえるかもしれませんが、私としては、今も精一杯、先島諸島などの空港と港湾の整備を訴え続けています。

また、**国民の保護、台湾にいる邦人や外国人保護のための法整備**にも動いています。インフラと法律が未整備のままで、日本人を守ることはできません。〝有事の現場〟を知る人間として、私にしかできない、私にしかわからないことを訴え続けていきたいと思います。

戦争に常識はない。台湾からの避難をどうするか

台湾には約２万５０００人の日本人が住んでいます。コロナ禍以前には、旅行者は

年間１９０万人。１日換算５０００人ほど。日本人だけで3万人以上です。

台湾有事になれば、この人たちの救助と避難を行わねばなりません。もちろん日本人だけでなく、同盟国であるアメリカ人の輸送も担う必要があります。韓国などのアジア人、さらには国外脱出を希望する台湾人も放っておく訳にはいきません。

膨大な数の人を国外退避させることがどれだけ大変か……。例えば、２０２１年、アメリカのアフガニスタン撤退に伴い、在留邦人や現地職員６００人の成田への移送が計画されました。ところが首都カブールが陥落したことで、事態は急転。結果的に、大使館の日本人職員13名は命からがら脱出に成功しましたが、アフガニスタン人の職員は現地に残すことになりました。救出作戦は失敗したのです。

有事には、想定外のことが次々と起こります。平時の常識は通用しないのです。

実は、退避の際に一番の問題になるのは「人物調査」です。専門用語では「スクリーニング」と呼びます。簡単に言うと「スパイではないか？　移送した国で生活できるのか？」を調べるのですが、これに莫大な時間がかかります。

有事になれば、退避の現場は、修羅場でしょう。スパイやテロリストとしては、戦場は絶好の侵入機会です。しかし、国を守るためには絶対に阻止しなければならないのです。

中国と台湾は、言語も同じで、生活や文化も似ています。この人たちを「スクリーニング」にかけ、スパイを見つけ出すのは至難の業と言えます。

パスポート、指紋情報などに「生体認証」がセットされているものもありますが、逆に致命的になる場合もあります。事実、アフガニスタンでは電撃的に侵攻されたためデータが敵に渡ってしまいました。敵国が、そのデータを悪用するのは当然です。

本当は今からでも台湾政府、アメリカ政府、日本政府で調整をしなければなりません。アフガニスタンの脱出失敗も含め、数々の教訓を得たのですから。

加えて、ウクライナの例では陸続きのポーランド等を介して、多くの避難民の命を救うことができました。しかし、台湾や南西諸島は陸続きではない離島です。

住民避難、補給品や兵器の輸送等、台湾有事の際に日本がポーランドのようなプラットホームの役割を果たすためには、インフラ整備をはじめ多くの課題があります。その課題に正直に向き合い、解決するのも政治の責任です。備えあれば憂いなし、**憂いあれども備えなし**であっては絶対にいけません。

第五章　まったく新しい戦争と人間

戦争は新たな時代に突入。ハイブリッド戦とは何か？

かつて戦争は「人間と人間」が戦うものでした。そこに銃や大砲が導入され「兵器と人間」の戦いになりました。戦いの舞台も、陸上から海へと広がりました。歴史好きの方なら、日露戦争の「連合艦隊vs.バルチック艦隊」を思い浮かべるでしょう。軍艦と軍艦が向き合い、大きな砲弾を撃ち合う戦いです。

さらに飛行機の時代になると、空爆によって、街が破壊されるようになりました。軍人と軍人の戦いに市民も巻き込まれるようになったのです。しかも今は、**数千キロ離れた場所から、正確にミサイルが飛んでくる**ようになりました。攻撃する側は発射ボタンを押すだけ。戦いの痛みも、爆風も、人のうめき声や戦場の臭いも感じないまま、敵を攻撃できてしまいます。それを迎え撃つミサイルもボタンを押すだけ。「兵器と兵器」の戦いです。戦争のカタチは一変したのです。

そして今、戦争はさらに新たな時代に突入しました。今回のロシアとウクライナの戦いでは〝新しい戦争のカタチ〟がはっきり見えたと思っています。

「軍事」と「非軍事」を組み合わせた〝ハイブリッド戦〟です。

軍事戦とは、これまでと同じような兵器を使った戦いです。

非軍事戦とは、ひと言で表現すると「情報」を使った戦いです。

そもそもハイブリッド戦は、ロシアが始めたものです。実例で話しましょう。２０１４年のクリミア危機の際には、ロシアは次のような情報戦をしかけていました。

①ネットを通じてデマを流す。

②デマを信じた大量の民兵がクリミアに侵攻し、放送局などを制圧。

③住民投票の結果、ロシアが勝利し、クリミアはロシアに併合された。

つまりインターネット情報を武器に変え、言わば〝戦わずして勝った〟のです。

今回のウクライナ侵攻でも、ロシアは事前に「ウクライナの独裁者に虐《しいた》げられている同胞を助ける」とデマを流しました。ネット時代ならではの戦略です。

兵士の損耗率ゼロでしかも安価。ドローンが戦争を変えた

もう一つ〝ハイブリッド戦〟のリアルな話をします。２０２０年、アゼルバイジャンとアルメニアの間の実例です。両国ではナゴルノ・カラバフ地域を巡り、30年以上も紛争が続いていましたが、この時はハイブリッド戦を駆使したアゼルバイジャンの圧勝で終わりました。ドローンやスマホを巧みに使い〝電波戦〟で勝ったのです。

例えば、次のような戦法です。

古い輸送機を飛ばし、途中でパイロットは脱出して、無人の輸送機がアルメニア側に侵入しました。アルメニアは、その無人輸送機にレーダーを照射し、対空火器で撃ち落としました。しかしこれは、アゼルバイジャンが敵の対空火器の位置を探るための罠でした。敵レーダーの発信源を突き止めたアゼルバイジャンは「徘徊《はいかい》型の自爆ドローン」を飛ばして対空火器を破壊したのです。〝徘徊型〟とは、敵の電波を探して勝手に飛ぶものです。ちなみにイスラエル製で、名前は「ハーピー」。

ハーピーはとても高性能で、アルメニア軍のスマホの電波も探知して、自爆攻撃をしかけました。このためアルメニア軍は兵士に「スマホの使用禁止」を命じました。

こうして敵の対空火器を自爆ドローンで叩いたため、アゼルバイジャンは航空戦で圧倒的優位に立つことができました。攻撃してくる対空火器がなければ、自由に空を飛べます。ドローンの他にも「無人偵察・攻撃機」などを飛ばして、難なく軍用車両や兵士を攻撃。アゼルバイジャンの勝利の陰には、ドローンがあったのです。

この出来事は、世界中の国防関係者に衝撃を与えました。私もその一人です。ドローンを使えば〝兵士の損耗率〟はゼロになります。価格も圧倒的に安い。民間の技術なので、多様な知識と情報を得ながら、どんどん進化していきます。

時代は、民間技術を含めた「機械と機械」の戦いに移行しているのです。

これまでの兵器の概念が覆り、戦争のカタチは変わりました。そして例えば今、中国では、**ドローンにＡＩを組み合わせた強力な兵器が開発**されています。

ハイブリッド戦をなめたツケ。
功を焦ったロシア軍の失敗

今回、ロシアが短期決戦に失敗した大きな理由の一つ。それは、侵攻した最初の段階でウクライナの対空火器を叩かなかったことです。対空火器が残れば、航空戦が不十分になってしまいます。戦闘機がウクライナに攻め込んでも撃ち落とされ、輸送機も飛ばせなくなるのです。

また、電波塔などを叩かなかったことも失敗でした。前項でも話したように、今の戦争は〝ハイブリッド戦〟に変化しており、**相手国の電波環境を破壊するのは、もはや必須で常識**と言えます。SNSなどの情報を止めるためもありますが、ドローンなどの通信兵器を使えなくするためです。

通常なら〝電子戦部隊〟が先攻します。電波を制すればドローンは墜落してしまいますから。しかし制電波を怠ったために、ロシアの戦車は自爆ドローンの爆撃によって破壊されてしまったのです。

皮肉なものです。ハイブリッド戦は、そもそもロシアの参謀総長だったゲラシモフが考案したものです。この手の戦いには長けていたはずでした。

侵攻前はデマ情報を流し、世論や兵士をやんわりと洗脳する作戦にも成功していました。これを〝偽旗《にせはた》作戦〟と言います。役者に遺体のふりをさせたり、化学工場を爆破したりして、「ウクライナにやられた」という自作自演の映像を流すのです。

ロシア派による、偽旗作戦は成功しました。侵攻の口実をでっち上げ、実際に軍事行動を起こしました。しかし最も肝心な侵攻時に、油断してしまったようです。

ロシアは自身の軍事力を過信したのでしょう。これまでの戦争では、ロシアもアメリカも、特殊部隊を潜入させるなどのインテリジェンス（諜報）を使い、遠距離からミサイルを発射して敵の基地などを破壊。その後、航空機で重要施設を粉砕して、最後に地上部隊を送り込んで、相手国の中枢を制圧。そうした〝戦争の常道〟は熟知していても〝新しい戦争のカタチ〟への理解と備えは足りなかったのです。

中国の殺人AIドローン。自ら目標を発見、攻撃する

２０２０年、中国が公開した「小型自爆ドローン」の映像は、とてもショッキングなものでした。40機以上の小型自爆ドローンが、編隊を組んで飛び、目標を攻撃するのです。蜂が何十匹も群れて飛ぶのを見たことがあるでしょう。まさにあれです。

小型ドローンの編隊は、英語で「drone swarm」（ドローンの群れ）、中国語では「蜂群無人機」と呼ばれます。２０２１年の東京五輪開会式では、１８２４機のドローンが編隊を組んで夜空を彩りました。私はテレビで見ながらよからぬ連想をしてしまったのです。「編隊に爆弾を積まれたら、東京は地獄絵図になるだろうな」と。

「何を縁起でもない」とお叱りを受けるかもしれません。しかし、国民を守る責任がある私としては、最悪の事態に備えなければなりません。現に中国ではすでに「蜂群無人機」が開発され、その映像を公開している訳ですから。

中国の小型ドローンはＡＩを使った〝自律型〟です。後で話しますが、ＡＩの分野

は今、中国が世界を一歩も二歩もリードしています。それはビッグデータを得られるからに他なりません。ご存じのようにＡＩとは人工知能。自ら考える能力をもった機械です。

ＡＩがビッグデータを集積し、ＡＩが分析する。さらにはＡＩがＡＩを育てていく。ＡＩに育てられたＡＩは、ネットから切り離されても、自分の考えで動けます。つまりＡＩドローンは、自分で目標を発見し、評価し、攻撃する能力があるのです。

２０２１年の中国・北京の軍事博覧会では、**大きな水槽を魚のように泳ぐドローン**が注目されました。自律型のＡＩです。もしもこの魚ドローンが小型爆弾を積み、海中を泳いだら？　そう考えるとゾッとします。ほぼ無音で泳ぐからです。海上自衛隊の潜水艦探知能力は世界トップクラスですが、無音で泳ぐ魚は探知できません。

他にもバッタ型のＡＩドローンが開発されるでしょう。自分で思考して飛んできた敵の〝バッタ〟が、もしもイージス艦のレーダーや煙突に止まって爆発したら？　船はレーダーと煙突をやられたら、その瞬間に動けなくなり〝重厚な鉄くず〟と化すのです。

半導体が国の興亡を分ける。
人体を破壊するナノ兵器

アメリカは今回、ウクライナに「スイッチブレード３００」という小型ドローンを提供しています。自ら考えて飛ぶ〝自律型〟ではありませんが、小型なので特殊部隊の兵士などがリュックに入れて運べます。現場で映像を見ながら遠隔操作をし、**10キロくらい先の戦車の上に降下して爆発**します。安価なドローンで戦車をやっつけるのですから、費用対効果を考えたら、これほど優秀な兵器はありませんよね。

半導体が進化すれば、ドローンはさらに小型化していきます。事実、軍事技術の分野では、すでに「ナノ兵器」の開発も可能とされているのです。

「ナノ」とは何でしょう？　これは大きさの単位です。1ナノメートル＝10億分の1メートルです。ちょっとピンときませんね。コロナやインフルエンザのウイルスの直

径が、およそ１００ナノ。髪の毛の直径が10万ナノと言えば、その小ささが理解できます。

そして台湾のメーカーではすでに、３ナノメートルの集積回路（ＩＣ）が開発されています。ウイルスよりずっと小さいＩＣです。ちなみに半導体は、ＩＣの材料になるものです。日本はこの分野に出遅れていて、現段階では20ナノメートルのＩＣができるかどうか。ロシアはさらに遅れていて、半導体を作れません。

中国が台湾を統一したい理由には、半導体やＩＣの技術欲しさもあるのです。

スマホもパソコンも軍事兵器も、すべての電子機器にはＩＣが使われていますが、ＩＣが小型化すれば製品も小型化します。３ナノメートルのＩＣがある今、体内に入って人間を破壊する〝ナノ・ロボット〟の開発も間近かもしれません。

世界には「生物兵器禁止条約」という国際的な取り決めがあります。また化学兵器もジュネーブ条約で禁止されています。しかし〝ナノ・ロボット〟を禁じる条約はありません。誰とは言いませんが「禁じられる前に使ってしまえ」という国が出てきても不思議ではないのです。禁止条約ができる頃には、技術はさらに進化し、新たな兵器が作られている。〝人権〟より〝開発〟。これが先端兵器の現実です。

統制・専制国家が強い理由。AIの分野での軍民融合

軍事技術の発展は、人類にとって進化なのか？　退化なのか？

そんな疑問をもつ人も多いでしょう。その議論は他に譲ることにして、一つ言えるのは「人類が続く限り、技術は進化し続ける」ということです。これは誰にも止められません。AI、インターネット、ドローン、ロボット、脳科学、宇宙開発……科学は進化し続けます。そして最新科学は、ことごとく軍事にも使用されるのです。今注目の〝量子〟も軍事に導入され、新たな脅威となるでしょう。量子コンピューター、量子通信、量子暗号など〝見えない世界〟が戦いの主戦場になっていきます。〝量子を制する者〟が軍も世界も制するのです。ウクライナの例でもアメリカは量子コンピ

ューターを使い、ロシアの暗号を解いたとも言われています。

前項で〝ナノ・ロボット〟の話をしましたが、本来は規制がかけられるべきです。しかしそれができないのは、最新技術が〝民間〟のものだからです。民間の技術開発は、軍事目的で行っているわけではありません。だから規制はかけにくい。中国が「軍民融合」を目指す理由の一つは、そこにあります。そして事実、中国の軍事技術が急激に進化したのは「軍民融合」の結果だと言えます。

軍民融合が〝統制・専制国家〟ほど行われやすいのは当然です。民間は政府から「その技術を寄こせ」とか「〇〇を開発せよ」と言われたら、逆らえない訳ですから。だから**中国、ロシア、北朝鮮などは、軍事技術が飛躍的に高まりやすい**のです。

ところが、民主主義国家では、そうはいきません。

例えば、アメリカの国防総省がGoogleに対し「AIの技術を高めたいから、ビッグデータが欲しい」と言ったら「NO」と言われました。「軍事利用はさせない」と。

日本はさらに厳しく〝軍事利用〟の可能性は徹底的に排除されます。このために

「産・官・学」は連携を取れません。たとえそれが「国防」に関することでもです。ＡＩもサイバー（ネット）も量子も産（民間企業）・官（政府や自衛隊）・学（大学や研究機関）がバラバラに研究・開発を行っている〝もったいない〟状態なのです。

機械と機械の戦いの先に。簡単に戦争が始まる未来

新しい戦争のカタチは、ＡＩ搭載の〝ロボット兵器〟同士の戦いと言えます。そして、負けた側はやむを得ず兵士をくり出し、相手のロボット兵器と戦う。敗戦処理とまでは言いませんが、完全にＡＩが主役で、人間は脇役に回った感があります。

人類の歴史に戦争がなかったことはありません。しかし戦いのカタチは変わります。「人と人の戦い」から「人と機械が一体となる戦い」に。そして「人と機械の戦い」から「機械と機械の戦い」へと。まさに今は、人間を無視した戦いなのです。

機械と機械の戦いは、正確性が高いため、人的損失は減ります。一見〝よいこと〟

のように思われるかもしれませんが、まったくよくありません。

なぜなら、**戦争に踏み切るハードルが下がってしまう**恐れがあるからです。戦いのリアリティがないため、戦争が始まりやすくなる恐れがあるのです。為政者の勝手な都合や、誤った判断で戦争が開始されてしまう。今回のロシアのウクライナ侵攻は、まさにその典型例だと私たちは考えています。

誰のため、何のための戦争なのか？　為政者の為政者による為政者のための戦争です。犠牲になるのは当事者となる国民です。そしてやむなく戦っている兵士です。侵攻される側も、侵攻する側も、誰だって戦いたくない訳ですから。

一人の為政者や一部の権力者のために戦争が行われ、全世界が巻き込まれる。本来あってはならないことですが、それが現実なのです。

そして、人間を無視した「機械と機械」の戦いは、今後、さらに恐ろしい世界をつくる可能性があります。ロボットが人類を征服する世界です。規制をしたくても難しい現実がそこにあります。

映画の世界がどんどん現実になっています。２０２５年には「空飛ぶタクシー」が大阪で実用されると聞きました。技術の進歩は世界を変えていくのです。

戦争をするためではなく、自分の国を守るための技術はもっておかねばならないと思うのですが、私の考えは間違っていますか？　危険でしょうか？

情報戦の新たな可能性。ウクライナを救ったスターリンク

今回のウクライナ侵攻で、ロシアには大きな誤算がありました。それはウクライナに対する世界中の支援です。米軍やＮＡＴＯなど軍事的な支援は予想していたでしょうが、**民間企業や一般市民が積極的に支援した**のは意外だったと思います。

戦争のゆくえを注意深く見ていた、習近平主席も同じ思いでしょう。

緊張がロシアとウクライナ間で高まった頃から戦略的コミュニケーションの差が出ました。特に侵攻開始以降はプーチン大統領は「悪玉」、ゼレンスキー大統領は「善

玉」のイメージが形成されたことも欧米の民間企業がウクライナ支援に回りやすくなった理由です。言い方を変えればロシア支援の選択肢はなくなったと言えます。

例えば「スペースX」社の行動力には、私も驚きました。スペースXは民間企業で初めて有人宇宙飛行に成功した会社です。社長は、電気自動車「テスラ」の代表も務めるイーロン・マスク氏。このマスク氏が、今回のロシアの侵攻に際して何をしたのか？

自社の通信衛星Starlink（スターリンク）をウクライナ上空に展開したのです。現代の戦争では、相手の通信網を叩くのが基本です。情報を遮断するためです。

ロシア軍は、ウクライナの通信網を次々と破壊していき、政府の情報、軍の情報、国民の情報分断を狙いました。

いっぽう軍事力で劣るウクライナとしては、通信網は世界とつながる生命線です。だからなんとしても確保したい。そこでウクライナの副首相兼デジタル担当大臣の、フェドロフ氏が頼ったのがマスク氏でした。副首相はTwitterでマスク氏にコンタクトを取り「通信衛星のサービスをしてほしい」と依頼。マスク氏はこれに応え、その10時間後にはウクライナでスターリンクのサービス開始を約束し、数日後には地上アンテナも届けられたのです。今回の戦いでは、情報がウクライナを支えたことは言うまでもありません。その陰には、こうしたドラマがあったのです。

〝情報戦〟は新しい戦争のカタチですが、いい意味で大きな可能性を示してくれました。情報を利用すれば、**1か国だけではなくて、国境を超え、軍・民の枠をも超えて世界中が相手になる**のです。

逆に言うと、情報戦は大きな「抑止力」にもなり得るということです。情報は毒にもなるが薬にもなる。要は、それをどう使うかです。

統制・専制国家の優位。
民主主義では情報統制ができない

先ほども触れましたが、情報戦に関しては〝統制・専制国家〟ほど強く、民主主義

国家ほど弱いと言えます。なぜなら、統制国家では、情報統制ができるからです。ウクライナ侵攻後も、ロシア国内でプーチン大統領の支持率が75%もあるのはこのためです。2022年3月、モスクワで「クリミア併合8周年」の式典が行われました。20万人が集まったと言われ、プーチン大統領の演説をうっとりした表情で聞き、喝采する人々の姿が映し出されました。ロシア人は感覚がおかしいのでしょうか?

そんなことはありません。テレビでは統制された情報しか流れておらず、国民は正しい評価ができていないのです。多くの人は情報統制の中で暮らしています。ウクライナ侵攻後は、Twitter も Facebook も閲覧禁止の措置が取られました。国営通信の「タス」では、ロシアに不利な情報はすぐに削除されます。独立系のメディアはどんどん閉鎖される。真実の知りようがないのです。

そうした状況は中国も同じで、もともと Twitter も Facebook も禁止ですから。

例えば、習近平主席は見た目が〝くまのプーさん〟に似ているでしょう。国民がそれをSNSで発信すると、政府が遮断するそうです。器の小ささに笑ってしまう人もいるでしょうが、それくらい厳しい情報統制がなされているのです。

日本やアメリカで、こんなことが行われたら大変です。アメリカのGoogleでは、従業員がＡＩ技術の軍事転用に反発し、情報提供が拒否されています。

片や中国では「データセキュリティ法」が２０２１年に成立し、民間が保有するデータを政府が吸い上げることが可能になりました。例えば**アリババやネット大手テンセントがもつビッグデータも、政府が管理できる**のです。

その結果どうなるか？　ＡＩがそのビッグデータを収集し、ＡＩ自身が分析・評価をする。そして、より高度に自律思考をするＡＩが完成されます。その高度なＡＩが軍事技術に転用されることは、言うまでもありません。

相手の脳を攻撃する。認知領域での激しい情報戦

人間は情報に左右される生き物と言えるでしょう。今回のロシアとウクライナの戦

争でも、相手の脳に訴えかける〝認知領域での情報戦〟がくり広げられています。国民をデマ情報で洗脳する事前の情報戦ではロシアは本領を発揮しましたが、いざ本番になると、ウクライナ軍が優位に立っています。

２０１４年にクリミア危機があり、東部の地域を奪われたウクライナは、この８年間〝平時と有事が混在する状態〟で戦い続けてきました。

その間に１万４０００人が亡くなっています。ただやられている訳ではなく、国防費もＧＤＰ比で５％程度まで引き上げ、自国を自分で守る努力をしたのです。

サイバー戦（インターネット空間の戦い）もその一つです。兵士のように武器をもつわけではなく、パソコンを駆使する電子戦部隊です。自国だけでなく、国境をまたいで他国にも呼びかけました。

そうしたＩＴ部隊やインターネット部隊は、例えばロシアの政府機関（外務省や国防省）にサイバー攻撃をしかけ、インターネットなどの通信機器を次々と止めていきました。国際的なハッカー集団「アノニマス」もこれに参加しました。ロシア人が見るYouTubeや旅行の口コミサイトを乗っ取り、ウクライナで起きている真実の生映像を見せたりしました。

これが予想以上に大きな戦果を挙げています。兵士だけでなく、ロシア国民の脳に訴えかけて戦意を喪失させる作戦によって、じわじわと厭戦《えんせん》感が蔓延《まんえん》しています。開戦から半年が経った今では「戦闘を強要する上官と、それを拒否する兵士が、お互いに銃を構えて一触即発の状態」という情報も寄せられるようになりました。

もちろんこの情報だって、ウクライナが流す〝偽旗（フェイク）〟かもしれません。しかし、こうした認知領域での情報戦が意外に効くという事実は、自衛を主とする日本にとっては、大きな収穫と言えるのです。

偽情報、偽旗への対応。
VPN回線を使って情報を守る

ところで、日本では、誰がこうした情報戦を担当するのでしょうか？

政府？　警察？　自衛隊でしょうか？

実は日本には、誤情報や偽情報をチェックし、それを潰すという部署がありません。誤情報は山ほど寄せられます。その中に、意図して送られた〝偽旗〟も混じってきます。これを素早く選別し、誤情報や偽旗が出回らないように対処する。

これを担当する部署すらないのが、日本の現実なのです。

日本では表現の自由が保障されています。素晴らしいことです。表現を統制することはできません。しかし、それゆえ情報戦に弱くなってしまうのです。

中国が戦いにおいて重要視する三つの要素（三戦）を覚えているでしょうか。

「世論戦」「心理戦」「法律戦」です。この三戦をしかける上で、誤情報や偽旗を使うのは当然です。それに混乱させられぬよう、私たちは厳しく、冷静で、正しい目をもたなければなりません。

これ以外に、情報を守るという意識も必要です。私たちが発する情報が**盗聴されたり、偽旗に悪用されたり、改竄《かいざん》されたりする恐れもある**からです。

　ウクライナ侵攻後、ロシア国民の間でも、規制を避けるため、ネットを「ＶＰＮ接続」にする人が急増したと言われます。ＶＰＮとはVirtual Private Network（仮想専用回線）。例えばＳＮＳのやりとりをそのままするのではなく、「ＶＰＮ回線」を経由して行うこと。これによって情報が漏れにくくなります。ロシア政府はすぐにＶＰＮの使用を禁じましたが、裏を返せば、情報を盗めなくなったら困るということです。ちなみに私も、国外に行くときにはＶＰＮを利用して情報をやりとりしています。

　中国やロシアでは、それだけ情報の統制を重視しているということです。友人に送った個人動画が盗まれ、悪用される危険もある。これは恐ろしいことですよね。しかし現状の日本は、そんな恐れもある〝情報戦の脆弱国〟と言えるのです。

「火星17」はフロリダまで飛ぶ。なぜ射程距離がわかるのか

　弾道ミサイルや潜水艦が大いなる脅威であることは、これまでもくり返し書いてき

ましたが、最後にもう一つ、北朝鮮のミサイルについて話しておきましょう。

北朝鮮の弾道ミサイルの飛距離は、確実に伸びています。これまでの「火星15」という長距離弾道ミサイルでは、アメリカのシカゴくらいまで届くと推測されていました。ところが２０２２年に発射実験をした「火星17」は、射程距離1万５０００キロくらいと見なされています。つまりフロリダまで届くことになり、アメリカ全土を狙えるまでになったのです。

なぜ、日本の近海に落ちたミサイルの、本来の射程距離がわかるのか？

それは角度と時間から分析できるからです。「火星17」は、ほぼ垂直に立てて発射して、71分後に着水しました。高度は６０００キロメートルまで届いていることも確認できています。これを基に、通常角度で発射した場合を計算。そこから**１万５０００キロという推定距離が割り出される**訳です。

ミサイルを長距離飛ばすには、高さが必要です。長い距離を直線では飛べずに大きな弧を描いて飛んでいくため、一度、大気圏を出て、再度突入することになります。

再突入の際には摩擦熱や負荷が生じ、これに耐えるには、高い技術と実験が必要なのです。何度も発射実験をくり返すのは、そのためです。

弾頭には核爆弾が搭載されます。それは小さくて、複数個あるほうが、着弾の確率は上がります。通常は3〜4回の核実験で技術は確立できますが、すでに6回の実験が行われている。ただ北朝鮮はプルトニウム型の弾頭の小型化や多弾頭化はこれからで、数回のさらなる核実験が必要と言われています。

加えて弾頭の大気圏への再突入技術の確立も課題かもしれません。かなり精度の高いＩＣＢＭを北朝鮮が保有するためには、さらなる実験を続けることが考えられます。

実験を分析することで、相手の兵力を分析する。一方で相手は、それを見せつけることで脅しをかける。そのような駆け引きが、日々絶えることなく行われているのです。

日本の近海と原子力潜水艦。
長期潜航によって島国は陸も同然

本章の最後に、日本の状況も含めた潜水艦の話をしておきます。

潜水艦は、**高い水圧によって圧縮と膨張をくり返すため劣化が早く、日本ではおおむね15年を耐用年数**としています。

潜水艦の重要性についてはこれまでも話してきました。太平洋、東シナ海、南シナ海、インド洋などの海域では、多数の国の潜水艦が昼夜を問わず〝見えない戦い〟をくり広げています。見えないけど、すぐそこにいるかもしれないのです。

こうした動きに伴い、２０２１年にはオーストラリア、イギリス、アメリカの３か国で軍事同盟が結ばれました。Australia, United Kingdom, U.S.A. の頭文字からつけられた名は「ＡＵＫＵＳ」（オーカス）。覇権主義を強力に推し進める中国を意識して結ばれた軍事同盟であることは言うまでもないでしょう。

日本にとってアメリカは同盟国、オーストラリアはＱＵＡＤのパートナー。となれ

ばＡＵＫＵＳは、日本の安全保障や外交にとって大きな意味をもつ訳です。

そしてＡＵＫＵＳの最も大きなトピックスの一つが「オーストラリアの原子力潜水艦保有支援」が盛り込まれたことです。これまでオーストラリアには古い潜水艦が６隻しかなく、これを増強することが急務でした。ＡＵＫＵＳでは英米の協力の下に、オーストラリアが８隻の原子力潜水艦（原潜）をもつことが決まったのです。

原子力潜水艦には、核弾頭を搭載した「戦略型原潜」と、敵艦の捜索や敵艦への攻撃能力をもつ「攻撃型原潜」があります。オーストラリアは「攻撃型原潜」を導入することになりました。

原子力潜水艦のメリットは、長期間の作戦が可能なことです。換気のために浮上すれば敵に見つかる危険がありますが、原潜は長期間の潜航ができるので、ステルス性（隠密性）が極めて高いのです。

ちなみに現在、アメリカは合計68隻の原子力潜水艦を保有し、太平洋からインド洋には８～12隻が潜航しています。いっぽう中国は66隻の潜水艦を保有。このうち原潜は11隻ですが、その性能は高く、中には射程8000キロの核ミサイルを搭載したものもあります。とても恐ろしいと思いませんか？　敵の原子力潜水艦は日本近海にいて、ある日突然、姿を見せる。もはや海は陸と同然なのです。

　では、日本の潜水艦の現状は？　原子力潜水艦はないものの、世界最高レベルの潜水艦をもっています。「そうりゅう型」と呼ばれるものです。少し専門的になりますが、「ディーゼル機関」と「スターリング機関」という二つの発電系統をもつため、長期間の潜航ができるだけでなく、ステルス性にも優れたタイプです。

　とはいえ、やはり**原子力潜水艦をもてば、安全保障上の大きな力になる**ことは間違いありません。今は「そうりゅう型」で東シナ海、太平洋の一部を潜航しているだけですが、原潜をもてば南シナ海、インド洋もカバーできることになるからです。

　ただ課題として「原子力」で動く船を、快く受け入れてくれる母港も少ないでしょう。この他にも、原潜をもつには費用や開発期間等、数々の障壁が待ち構えています。安全保障や外交は待ったなしです。この瞬間にも何が起きるかわからないのです。

第六章　世界平和実現を絵空事にしないために

日本は小さな国ではない。世界が日本を大国と見る理由

いきなりですが質問です。日本の大きさは、世界で何番目でしょう？

「島国で小さい」というイメージがあるのですが、ほとんどの人は実態を知りません。

正解は「世界で61番目」です。では、もう一つ質問します。

「領海」や「排他的経済水域」（ＥＥＺ）まで含めたら、日本は世界で何番目？

領海とは「その国の海」と認められた範囲。ＥＥＺは「権益」が及ぶ海域。つまり他国に邪魔されず、自由に行動できる海域のことです。

ここまで含めると、なんと日本は「世界で6番目」の大国になるのです。

「日本ってそんなに大きかったの？」と驚く人も多いでしょう。大陸のような国境線はありませんが「海上の国境線」はこうなっているのです。もちろん、勝手に引いたものではなく〝海の憲法〟と言われる「国連海洋法条約」で決まったことです。

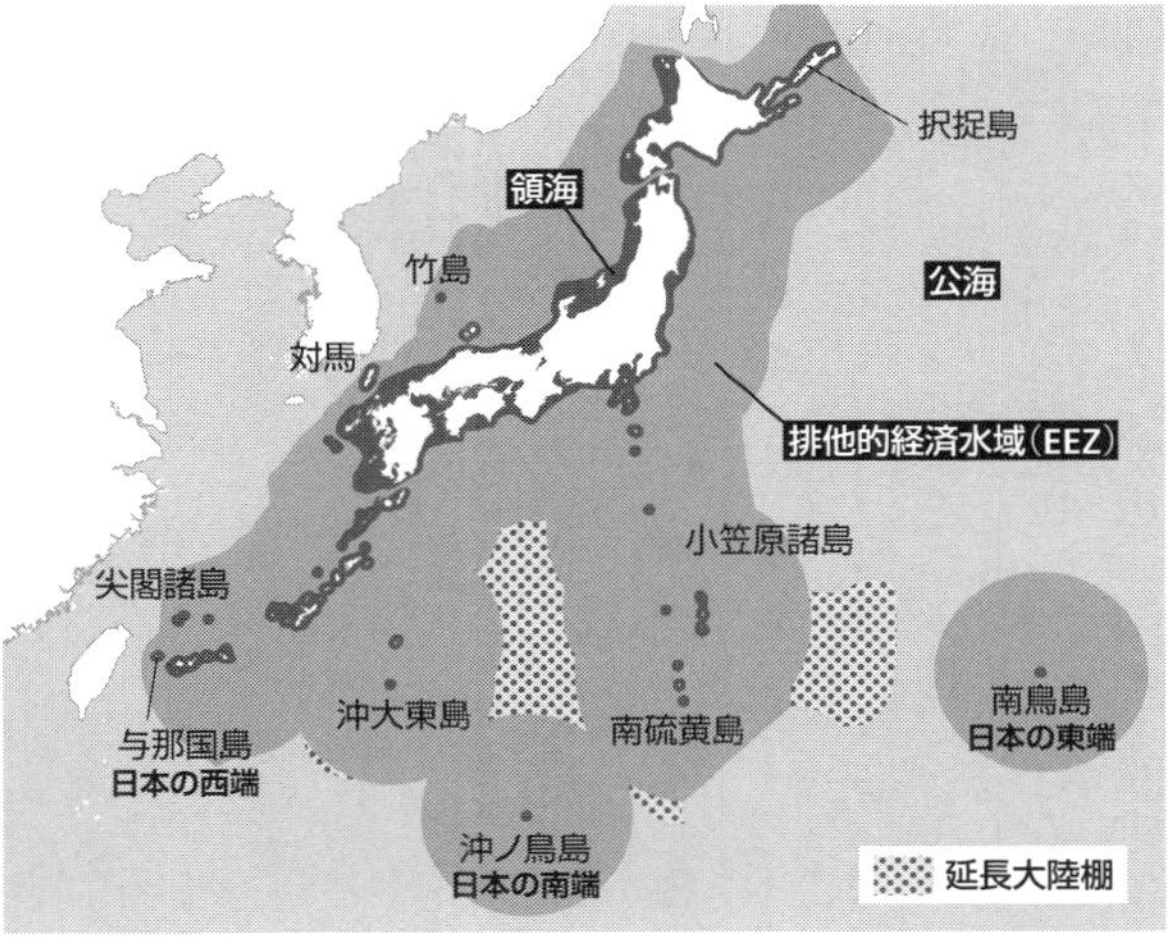

　領海は「領土」（陸地）から12海里（約22キロ）の範囲。海底も含まれます。水産物や海底資源を独占する権利があります。また、**領海に入ってきた他国の船を、自分の国の法律で取り締まる**こともできます。ただし、航行できない訳ではありません。その国の平和や安全、秩序を脅かさなければ通っていいことになっています。

　その上空は「領空」と言います。領土や領空には、他国は勝手に入ってはなりません。極端な話、許可なく入った飛行機は撃ち落とされても文句は言えません。

　ＥＥＺは、海岸線から２００海里（約３

70キロ）を超えない範囲で設定できます。漁業や資源の採掘・開発・調査などを行うことが認められています。ただし、領海のような強い権利はない。ここが大問題なのです。

国同士の〝陣地争い〟。海に囲まれた日本も巻き込まれている

地図を見てわかったことがありませんか？　竹島も尖閣諸島も、EEZの範囲内です。前項でEEZは「自国で設定できる」と話しました。

竹島も尖閣諸島も、間違いなく日本の領土です。しかし、韓国は竹島を、中国は尖閣を「自分の国だ」と主張して譲りません。もし仮に、そこが韓国や中国の領土だとすれば、彼らのEEZも日本に迫ってしまう、ということです。

国同士が争う原因の一つは、こういう〝陣地争い〟にもあるのです。

EEZは、かなり広い範囲を設定できるため、「ここはわが国のもの」「いやこちら

のもの」と近隣国との間で揉めることがあります。

そんなときはどうするのか？　原則は「当事国の間で決める」です。話し合いで決める、あえて決めずにあいまいにする、あるいは国際海洋法裁判所の判断に委ねる、などの事例があります。

「ここは譲るからここまでは認めてよ。その代わりあれを輸入するから」などと取引をする。いわゆる〝外交〟の力は、こんな場面でも発揮されています。

いずれにしても、判断の根拠になるのが国連海洋法条約です。話し合いなどで平和的な解決ができない場合は、国際的な裁判に諮《はか》ります。

地球は、**表面積の70%が海**です。海に面した国だけでなく、内陸にある国も〝海の利用〟を主張するのは当然のことでしょう。なのに、かつてはそのルールがありませんでした。第二次世界大戦後、そうした反省も踏まえてできたのが、国連海洋法条約です。国連が各国の主張を聞き、苦労して調整しながら作った取り決めです。

日本は、国際海洋法裁判所の運営に対して、世界で一番多くの運営費を払っています。「公平な法の下に海の安全を守る」というスタンスでいるからです。

しかし世界の現状はどうか？　強大な軍事力を背景に、領土を奪おうとする国もあります。このため近年海の緊張は、どんどん高まってきているのです。

竹島なんて譲っていい!?
中途半端な考えが日本侵略の第一歩になる

前項で「領空」の話をしました。では、北朝鮮のミサイルが、日本の上空を飛ぶのはどうなのか？　もちろん断じて許されません。領空侵犯です。

では、中国の艦隊が沖縄沖を通過するのはどうか？　これはグレーゾーンです。沿岸国の平和や安全を害しない限り航行してよいことになっているからです。だからといって無条件に許していたら、「ここは中国の海だ」と言い出しかねません。やはり、毅然とした態度は必要だと思うのです。

竹島や尖閣諸島の問題も同じでしょう。一部の人からはこんな声も聞こえてきます。

「なんで竹島にこだわるの？　あんな小さな島、韓国に譲ってしまえばいい。それによって韓国との関係がよくなるなら、そのほうが得ではありませんか」と。

たしかに平和優先の大人の対応のように見えなくもありません。しかし、本当にそうでしょうか？

例えば、韓国に竹島を気前よく譲ったとしましょう。それでは次は、どうなるのか？

おそらく「対馬も韓国の領土だ」と言ってきます。

すると、今度は中国が言ってきます。「そうか、竹島は韓国の領土か。だったら尖閣諸島は中国の領土だ。ついでに沖縄諸島も私たちのものだ」と。

中国には「水に落ちた犬は棒で叩け」という言葉があるそうです。「相手が弱みを見せたら徹底的に叩け」という考え方です。甘い顔を見せたらダメなのです。小さい島だから、**無人島だから譲ってもいい、などと思うのは大間違い**なのです。

あるいはこんな人もいます。「同盟国のアメリカが守ってくれるから大丈夫！」。あるいは、「国連が平和的に解決してくれるはずでしょう」。

本当にそうでしょうか？　今のウクライナを見てください。国連はロシアに対し「すぐに撤退せよ」と非難はしましたが、実効性はありません。結局どこも守ってはくれません。

バイデン大統領が、アフガニスタン撤退時に放ったメッセージも強烈です。

「自分の国を守るために戦わない軍隊とは共に戦わないし、命をかけることもない」

アメリカは日本を守ってくれるのか？ もはや世界の警察官ではない

かつてアメリカは「世界の警察官」と言われる存在でした。第二次世界大戦後は、押し寄せる共産主義の波の防波堤となり、朝鮮戦争やベトナム戦争を戦い、湾岸戦争やイラク戦争に積極的に関与しました。そして２００１年には「９・11同時多発テロ」が起こり、ブッシュ大統領は「テロとの戦い」を宣言。アフガニスタンに部隊を送りました。この他にも世界各地の紛争に関わり、**民主主義や国際秩序を守る**「世界の警察官」の役目を果敢に果たしてきたのです。

　ところが、今のアメリカはどんどん内向きになり「内政の延長線上に外交がある」という姿勢に転じています。言うまでもなく、多くの国民がそれを望んでいるからです。

「莫大な犠牲を払い、巨額の投資をしてまでアメリカの価値観を広げること」や「パックス・アメリカーナ」（アメリカによる平和実現）に対しては、消極的なのです。

　日本人は「アメリカが守ってくれる」と思っています。もちろん同盟国なので、日本のために戦ってくれるでしょう。そういう約束ですから。しかし、アメリカ国民がそれを望まないのであれば、やはりネガティブになるのは当然ですし、同盟があるから必ず守ってくれるというのも事実ではありません。１９８２年のフォークランド紛争では、アメリカはイギリスの軍事支援要請を断りました。

　アメリカが〝内向き〟になったのは、２００９年に就任したオバマ大統領の時代からです。その後のトランプ大統領は「アメリカ・ファースト」を掲げました。

そしてバイデン大統領の今は、政権運営が難しく、内政を重視せざるを得ない状況です。物価高、コロナ対策、雇用・景気対策が最優先。さらには国民の分断解消、医療保険制度改革、社会保障政策、気候変動対応も待ったなしです。2022年の秋には**中間選挙が迫り、国民の支持を得られるのか、背水の陣**です。正直に言えば「申し訳ないけれど、他国の安全保障にまで手を回す余裕はない」といったところでしょう。

ロシア、それ以上に中国は気になります。だからこれまで以上に日本に役割を分担してほしい、というのが本音なのです。「防衛予算を増やせ、役割を増やせ」とアメリカが盛んに迫ってくるのは、右の理由によります。

国連のシステムは当てになるのか？
機能不全に陥っている理由

ロシアの侵攻後、ウクライナのゼレンスキー大統領は、国連の安全保障理事会にオンラインで参加して演説を行いました。そこでは次のような訴えがなされました。

「国連のシステムは直ちに改革されなければならない」と。

虐殺が行われたとされる、ブチャの惨状も報告されました。

「昨日、ブチャに行ってきた。ロシア軍はあらゆる罪を犯した。意図的に人々を殺害した。女性や子どもを家の外で殺害し、死体を燃やした」「第二次世界大戦後、最も恐ろしい戦争犯罪だ」と。

その上で「平和維持を担う安全保障理事会（安保理）と、国連が機能していないのは明らかだ」と語り〝あなたたちは無力だ。恥ずかしくないのか〟と迫ったのです。

もちろん国連は何もしない訳でも、まったく無力な訳でもありません。しかし、ゼレンスキー大統領が言うように、そのシステムには問題があると私も思っています。

日本人の中には、なぜか〝国連信仰〟のようなものがあり、「国連は絶対的な力をもっている」と思い込んでいる人たちがいます。おそらく実態をご存じないのでしょう。そこで簡単に、国連についての話をしてみましょう。

国連は英語で「The United Nations」。直訳すると「連合国」です。

なんの連合国なのか？　実は、第二次世界大戦で勝った国の〝連合国〟なのです。第二次世界大戦の戦勝国アメリカ、イギリス、フランス、ソ連（ロシア）、中国の5か国です。ちなみに日本とドイツ、イタリアは敗戦国なので、未だに〝敵〟のままですし、もっと言えば敵国条項まである。それなのに多額の分担金を支払っているのです。


それはさておき、国連の何が問題なのか？　戦勝国（連合国）の「米・英・仏・露・中」の5か国が「常任理事国」となっていることです。

国連の中で最大の権限をもつのが「安全保障理事会」です。その安保理は「常任理事国の5か国」と「任期2年の非常任理事国10か国」の計15か国で構成され、この中で重要なことが決められます。これを「安保理決議」と言います。

安保理決議は、国連に加盟する193か国に対して法的拘束力があり、経済制裁や武力行使も行うことができます。つまり**安保理決議は大きな権限をもつ**訳です。

ところが、常任理事国の「米・英・仏・露・中」のうちどこか一か国でも、この決議に反対すれば、決議案は通らなくなってしまうのです。例えば「ロシアに経済制裁を科そう」と話し合われたとしましょう。でもロシアが「反対」すれば、その決議は否決されてしまいます。

え、ということは中国やロシアが「NO」と言えば、何も決まらないの？

そのとおりです。これがゼレンスキー大統領の言った「国連が機能していない。システムを改革せよ」ということです。事実、今回のウクライナの件に関しても、安保理の決議は一度も採択されていません。言うまでもなくロシアや中国が反対するからです。

バイデン大統領は「日本の常任理事国入りを支持する」と言いましたが、今のシステムが変わらない以上、受け入れられる可能性は極めて低いと言えるでしょう。

ゼレンスキー大統領の国会演説から戦争と日本の明日を考える

これが国連の現実です。

くり返しになりますが、国連は、そもそも戦勝国の「連合国家」だったのです。つくった当時、ロシアは「ソビエト連邦」、中国は「中華民国」という名前だったので、国連憲章には今もそのまま残っています。「ロシア」という国名も、中国（中華人民共和国）という国名も、国連憲章には存在しません。それなのに常任理事国として、自分たちに不利になる決議には、すべて反対する。

「だったら改革すればいい」はずですよね。でも、中国やロシアが反対するから改革もできません。「ソ連はロシアが受け継いだ」「中華民国は中国が受け継いだ」と言い張り、常任理事国に居座り続けています。

常任理事国が1か国でも「ＮＯ」と言ったら、まったく何も動きません。そのような致命的な欠陥を抱えながら、見て見ぬふりをしてきたのが国連なのです。まさに

〝砂上の楼閣〟で、実態はとても脆《もろ》いと言えます。

もちろん、すべてが機能しない訳ではなく、採択された決議案も多数あります。

また、今回の**ロシアのウクライナ侵攻に対しては、多くの国が強い非難の意を示し、結束できた**ことは、大きな意味があったと思います。これによってロシアは孤立しますから。中国でさえ中立の立場を取り、議決に関しては「反対」ではなく「棄権」という、一歩引いた態度を示すようになりました。

ゼレンスキー大統領は、日本の国会にオンラインで参加しました。演説の内容は、援助への感謝、ウクライナの現状、安全保障のあり方などですが、その一部を紹介します。

「ロシアは、私たちの交易路である海さえも封鎖しています。世界のほかの潜在的な侵略者に、海路を封鎖すれば自由国家を脅かすことができると示しているのです」

「私たちの反戦の連帯こそが、世界の安全を崩壊させず、国家の自由、人々、社会の多様性、それに国境の安全確保のための土台を保障するのです。それは私たちと子どもたち、それに孫たちの平和を守るためです」

「ロシアによるウクライナへの攻撃によって世界が不安定化し、多くの新たな危機にさらされています。あすのことさえ、誰も予想できなくなっています」

「日本はアジアで初めて、平和を取り戻すためロシアに圧力をかけ、ロシアに対する制裁に踏み切ってくれました。どうかこれを続けてください」

「私たちはどんな侵略行為に対しても予防的に機能し、役に立つ、新たなツールや新たな保障体制が必要です。その発展のため、日本のリーダシップが不可欠です」


（２０２２年3月24日　ＮＨＫの翻訳より抜粋）

新しい国際秩序をつくるために、**日本はアジアの中心となって汗をかいてほしい**と、ゼレンスキー大統領は私たちに訴えたのです。「数千人が殺され、そのうち１２１人は子どもです。およそ９００万人のウクライナ人がロシア軍から逃れ、自宅や住み慣れた土地を追われました」。これが戦争の現実です。明日の台湾であり、沖縄であり、北海道かもしれません。そうならないためにどうするか。みなさんはどう考えますか？

ウクライナ危機の嬉しい誤算。欧米は危機を自覚してまとまった

国際関係は一筋縄ではいきません。それぞれの国がさまざまな国と、経済支援、技術協力、歴史などで連携しているからです。各国には事情があり、思惑もあります。

ＥＵもＮＡＴＯも一枚岩とは言えませんでした。トランプ前大統領は、ＮＡＴＯの防衛費をＧＤＰの２％に引き上げよと要求していました。「なんでヨーロッパとの貿易赤字が７兆円以上あるのに、ＮＡＴＯの国防費の８割をアメリカの血税で負担しなければならないのだ。おかしいだろう。自分のことは自分でやれ」と。

そんな風潮の中、今回のウクライナ危機があり、潮目は一気に変わりました。

おそらくこれは、プーチン大統領も計算外だったでしょう。ヨーロッパがこれほど急にまとまるとは思わなかったはずです。経済重視のドイツでさえ「国防費をＧＤＰ

比2％超」に増額して予算を組み、**フィンランドやスウェーデンはNATO加盟を正式に申請**しました。

2022年3月24日にG7（先進7か国）首脳会合がベルギーで開催されました。G7はアメリカ、イギリス、ドイツ、フランス、日本、カナダ、イタリア。日本からは岸田首相が参加しました。会議では「中国がロシア制裁の抜け穴になってはいけない」と話し合ったのに、結局、共同声明には、それが抜けていました。ドイツの反対があったからです。ドイツと中国は経済的な関係が深く、例えば中国の公用車にはドイツ車が並んでいたりします。

ヨーロッパは一気にまとまったように見えますが、やはり国ごとに利害関係があり、何が作用して、どんなことが起こるかはわからないのです。

台湾問題などの〝有事〟を想定するなら、日本が今しなければならないのは、ヨーロッパに〝本気〟で連帯を示すことでしょう。そうしなければ、本当の意味の「日・米・欧」というつながりが、台湾有事においては機能しません。

日本有事でも同じことです。

おそらく台湾有事にはＮＡＴＯは条約上も地理的関係からも、まとまって動くことはできません。国連も期待できません。

ＡＳＥＡＮはどうか？　中立の立場を取るでしょう。中国との関係がありますから、あからさまに台湾や日本に味方をすることはできません。

それでは、お隣の韓国はどうでしょうか？　動いてくれるはずがありません。中国とのビジネス関係が非常に深いのですから。ただ台湾海峡が不安定になれば、韓国に中東の石油が入ってこなくなるリスクはあります。ゆえに韓国の新政権は台湾海峡の安定に汗をかくべきです。

そう考えると、現段階では、助けてくれる国はアメリカとオーストラリア、そしてＮＡＴＯ諸国の英仏ぐらいしかありません。とはいえ、オーストラリアは強力な友好国ですが同盟国ではないので、アメリカと比べるとやや弱くなります。英仏は近年、インド太平洋地域に関心を強めていますので、その関係を強化するチャンスです。アメリカは同盟国ですが、どんどん内向きになっているし、自分が汗をかかないと助けてくれないということは、この本で再三述べてきたとおりです。

中国の暴走を抑えるためには、インドは絶対に必要な存在です。ＱＵＡＤが本格的に動き出したことは、第四章でもお伝えした通りです。しかしインドは歴史的にもロシアとのつながりが深く、長年、軍事を含めた技術的な恩恵を受けてきました。いきなり離れる訳にはいかないでしょう。サイバーやレーザー技術等、技術分野でのイスラエルとの連携も重要な視点です。

そうしたことも含めて、新しい連携を模索し続けなければならないのです。

自国を守る科学技術を育てる。総合安全保障という考え方

やはり大事なのは〝技術〟ということになるのかもしれません。戦争をするためではなくて、自分の国を守るためにも技術が必要なのです。ヨーロッパやアジアとの連

携にも、日本の技術力は大きな力になることは間違いありません。

ウクライナ危機では官民を問わず大きな支援が集まりました。企業間の深いつながりが〝いざ有事〟にも生きるはずです。少なくともイギリスやフランスは、日本に協力してもらえるよう、努力しないとならないでしょう。

例えば、新しい次期主力戦闘機の導入計画「F－X」では日本企業が開発主体ですが、そのエンジンをアメリカを通じてヨーロッパに売り込めばよいのです。その技術が日本にはある訳です。日本のエンジンがNATOなどのヨーロッパ諸国、あるいはアジアの国々に入っていけば、いざという時にも、その関係はものを言います。日本の協力がなければ、彼らはいざという時エンジンが入ってこなくなる訳ですから。

もちろん多岐にわたる自衛隊の活動が、多国間との連携を深くしていることは言うまでもありません。世界は、洗練され統制の取れた自衛隊に一目置いています。

こうした**〝人的交流〟は、やはり日本を守る大きな力になる**のです。

最後にもう一つだけ「総合安全保障」という言葉を覚えておいてほしいと思います。

防衛や外交だけでなく、経済安全保障、エネルギー安全保障、食料安全保障など、トータルで考えるのが総合安全保障です。

例えば、今、小麦がどんどん値上がりし、中東やアフリカのほうでは大変な状況になっています。需給バランスが崩れたからですが、そういう食料の安全保障も考える必要があります。コロナ禍では、マスク不足やワクチン不足にどう対応するかという医療の安全保障もクローズアップされました。

今後は**技術の安全保障にも深い施策が必要**になってきそうです。やはり日本は資源のない国ですから。これまで日本はちょっと〝お人よし〟すぎたのかもしれません。

サイバーセキュリティも、当時は日本が一番だったのに、今は地位が低くなりました。半導体もそうです。白物家電などは、もはや見る影もありません。一番いいものを、みんなに教えてしまうからです。各国と連携しながら、その中心となり、お互いの力を平和利用に使っていく。大きなビジョンが必要かもしれません。

防衛や外交の枠にとらわれない、総合安全保障戦略。それを考えるには、**より大局的な観点**から物事を捉えなければならないでしょう。そのためにも、まずは現実を知ることが大切だと思うのです。

あとがき

２０２２年６月５日。最後の項を書いている今、北朝鮮が弾道ミサイルを８発発射したというニュースが飛び込んできました。わずか43分間に、４か所から２発ずつ、計８発です。１日の発射回数では過去最多です。ゆっくりと原稿を書いてなどいられなくなってしまいました。おそらく、こうした北朝鮮の暴挙に対し、アメリカや韓国はなんらかの対応をするでしょう。

北朝鮮に限りません。日本を取り巻く状況は、日増しに緊張を高めているのです。２月24日のロシアのウクライナ侵攻以来、危機感の高まりが加速しているのは確かです。

本書では、世界の現状を知っていただくことに重きを置きました。私の考えはできるだけ抑えたつもりです。客観的・具体的な事実だけが、進むべき正しい道を示してくれるからです。

ではどうしたらいいかは、みなさん一人ひとりの問題だと思います。

私には政治家として、国民の命を守る義務があります。戦いの現場のリアルを知る人間だからこそ、苦悩や絶望を絶対に国民に味わわせてはいけないと心に決めているのです。

ロシアのウクライナ侵攻により、実質的には、第三次世界大戦の幕が開いたと言えるかもしれません。残念ながら日本はすでに、その渦中に放り込まれてしまったのです。

そんなの嫌だ、と目を背けている訳にはいきません。現実を受け止めた上で、どうするかを冷静に考えなければいけません。

第二次世界大戦は遠い過去の話になりつつありますが、ウクライナの現実は、報道やＳＮＳでリアルに知ることができます。彼《か》の地の惨状を、明日の日本にしてはならないのです。

本書によって、現実の世界がいかに危ういか、平和や安全がいかに尊いか、それを守り抜くにはいかに努力と勇気と知識が必要かを、私なりにお伝えできたのではないかと考えています。

戦争のない世界は、必ず実現できます。私はそう信じています。

2022年6月11日

佐藤正久

著者略歴

佐藤正久《さとうまさひさ》

参議院議員　三期目（全国比例）。福島県出身。
防衛大学校卒業後、約二十五年間陸上自衛官として勤務。
国連ＰＫＯゴラン高原派遣輸送隊初代隊長、
イラク先遣隊長・復興業務支援隊初代隊長、
第七普通科連隊長兼ねて福知山駐屯地司令等を務める。
外務副大臣、防衛大臣政務官のほか、
参議院外交防衛委員長や自由民主党国防部会長などを歴任。
現在は、自民党外交部会長、自民党国防議員連盟事務局長として活躍中。
「ヒゲの隊長」の愛称で親しまれる。

幻冬舎新書 663

二〇二二年八月二十五日 第一刷発行
二〇二二年十月 五 日 第四刷発行

日本が侵攻される日
知らないと後悔する

著者 佐藤正久
発行人 見城 徹
編集人 小木田順子
編集者 木田明理 福島広司
発行所 株式会社 幻冬舎
〒一五一-〇〇五一 東京都渋谷区千駄ヶ谷四-九-七
電話 〇三-五四一一-六二一一(編集)
〇三-五四一一-六二二二(営業)
公式HP https://www.gentosha.co.jp/
ブックデザイン 鈴木成一デザイン室
印刷・製本所 株式会社 光邦

Printed in Japan ISBN978-4-344-98665-7 C0295
さ-25-1

*この本に関するご意見・ご感想は、左記アンケートフォームからお寄せください。
https://www.gentosha.co.jp/e/